Harald Steffahn
Antisemitismus vor Hitler 5
  Pilatus wird entlastet 5
  Der »Arier« wird entdeckt 10
  Ein Antisemit entsteht 15
  Dokumente: Antisemitismus vor Hitler 18

Wulf C. Schwarzwäller
Ächtung und Entrechtung 35
  Von der Diskriminierung zur Entrechtung 35
  Ächtung durch Reichsgesetzblatt 38
  Die »Nürnberger Gesetze« 41
  Die deutsche Wirtschaft wird »judenrein« 49
  Exodus 53
  Pogrom 64
  Dokumente: Ächtung und Entrechtung 75

Wulf C. Schwarzwäller
Endlösung 85
  Utopien 85
  Deutschlands Juden werden zu Heloten 88
  Die »Endlösung« bahnt sich an 91
  Die Konferenz am Wannsee 96
  Das Fließband des Todes rollt 104
  Im Zahlenrausch der Todeslisten 106
  Europas Juden sind an der Reihe 110
  Der Aufstand im Ghetto von Warschau 114
  Das Ende 118
  Dokumente: Endlösung 120

Zusammenfassung des Romans und der
Fernsehsendung »Holocaust« 140

Literaturverzeichnis 144

Über dieses Buch

In der Woche vom 22. zum 26. Januar 1979 wurde Deutschland durch eine vierteilige Fernsehfolge erschüttert. »Holocaust«, zuvor ein unbekannter Begriff, wurde über Nacht zum Thema Nummer eins. Experten und Laien diskutierten gleichermaßen über das Unfaßbare, über Hitlers Endlösung, die Vernichtung des europäischen Judentums.

Wer geglaubt hatte, vor »Holocaust« warnen zu müssen, sah sich getäuscht. Abgesehen von den Ewig-Gestrigen hat die künstlerisch verdichtete Wahrheit von »Holocaust« die Masse erreicht. Die Tatsache der Judenvernichtung und das unsägliche damit verbundene persönliche Leid ist durch diesen US-Film jedermann erschreckend deutlich geworden.

Deutlich aber wurde auch, wie wenig Erwachsene und Jugendliche über die historische Wahrheit der Endlösung Bescheid wissen. Die Vermittlung dieser Wahrheit hat sich das vorliegende Paperback delphin-aktuell zum Ziel gesetzt. An die Aktualität von »Holocaust« anknüpfend, wird in großen Zügen das referiert, was die Wissenschaft seit 1945 erforscht hat.

Texte, Bilder und Dokumente schildern in »Anmerkungen zu Holocaust«, mit einem historischen Rückblick beginnend, die Geschichte der Juden im Dritten Reich. Sobald die Diskussion um »Holocaust« überschaubar wird, werden innerhalb einer Neuauflage die bleibenden Ergebnisse dieser wahrhaft weltweiten »Holocaust«-Debatte veröffentlicht.

Antisemitismus vor Hitler

Pilatus wird entlastet

Alle vier Jahre spielen die Dorfbewohner von Oberammergau die Passion Christi, getreu einem Gelübde aus der Pestnot des Jahres 1633. Auch beim nächsten Mal werden die Laiendarsteller, wenn die Anzeichen nicht täuschen, wieder den Text des Dorfpfarrers Daisenberger von 1860 verwenden. Und wieder wird es Vorwürfe geben, das Stück besitze antisemitische Tendenz.
Sieht man von der Kreuzigungsszene ab, so ist das dramatische Zentrum des Passionsspiels der Prozeß. Der römische Statthalter Pontius Pilatus, der Jesus nach seinem Verhör den Juden zur Hinrichtung freigibt, erscheint als Mann von Mitleid und Gerechtigkeit. Er hält Jesus für einen weisen Lehrer und gibt nur auf äußersten Druck des Hohen Rates und des Volkes nach. Die racheschnaubenden Juden, »betörtes, verführtes Volk« und fanatische Priester heben sich davon um so düsterer ab. »Teufel aus tiefster Hölle, Bluthunde«, schleudert ihnen der reuige Judas nach der Verkündung des Todesurteils entgegen.
Ein Blick in die Bibel lehrt, daß die Schwarzweißmalerei dort ihren Anfang genommen hat. Kaiphas, der Hohepriester, liefert Jesus dem römischen Prokurator aus. Die Masse brüllt, »sein Blut komme über uns und unsere Kinder«. Der Prokurator aber, da er sah, »daß er nichts schaffte, ... wusch die Hände vor dem Volk und sprach: ›Ich bin unschuldig an dem Blut dieses Gerechten; sehet ihr zu!‹«
Im Grunde kann man es dem schlichten Dorfpfarrer Daisenberger, aufgewachsen in den Traditionen der Frömmigkeit seiner Bergheimat, nicht übelnehmen, daß die Juden bei ihm schlecht wegkommen; er handelt nur bibelgetreu. Daß das Neue Testament so angelegt ist, muß man aus der Zeit seiner Entstehung begreifen: Die Evangelisten, bemüht, den neuen Glauben zu verbreiten, schonten die Römer, deren Machtwort für das junge Christentum ebenso förderlich wie hinderlich sein konnte. Es war also eindeu-

tig Opportunismus, daß Pilatus so viel besser wegkommt, als die Geschichtswissenschaft ihn zu sehen gewöhnt ist.
Das hat nun freilich weit größere Folgen gehabt, als die Verfasser der Evangelien sich träumen ließen. Durch zweitausend Jahre wurde dadurch ein bestimmtes Klima erzeugt, in das schon der jüngste Predigthörer unbewußt hineinwuchs: Die Juden waren schuld am Tode des Herrn, und sie prahlten sogar noch damit. Da Jesus inzwischen schrittweise, in jahrhundertelangen Lehrstreitigkeiten, vergöttlicht worden war, wurden die Juden nachträglich – so logisch falsch auch dieser Gedankenschluß ist – zu »Gottesmördern«. Bei unzählbaren Verfolgungen der Geschichte war das der Schlachtruf der Judengegner: »Christusmörder«, »Gottesmörder«. Immer neuen Generationen floß das Gift des Judenhasses, ohne gezielte Bemühung, allein durch die Dauerinfiltration der Predigt zu und – sofern man las – auch durch das gedruckte, das Bibelwort.
Daß der Antisemitismus (ein unscharfer, aber durch Sprachgebrauch festverwurzelter Begriff) sich immer von neuem entladen konnte, hatte seinen Grund in der weltweiten Zerstreuung des Judentums. Bis heute ist das Exil, die Diaspora, seine überwiegende Lebensform, ungeachtet des wiedergewonnenen Staates Israel.
Ursprünglich hatte das Exil rein machtpolitische Gründe. Die berühmte babylonische Gefangenschaft im 6. Jahrhundert vor unserer Zeitrechnung war nicht aus Glaubensverfolgung entstanden, sondern aus altorientalischem Mächtespiel. Bei der Befreiung durch den Perserkönig Kyros (539 v. Chr.) gingen viele Juden nicht nach Juda zurück. Sie hatten in der Verbannung eine neue Heimat gefunden und wollten sie nicht den Unsicherheiten des Neubeginns im Stammland opfern. Noch im Lauf der hellenistischen und dann römischen Zeit verbreiteten die Juden sich über den ganzen Mittelmeerraum und sind sogar am Rhein bezeugt. Das geschah nicht immer freiwillig, aber doch überwiegend.
Dazu muß man auch die Folgen der jüdischen Aufstände gegen die Römer zählen (66–70 und 132–135). Es gab nach ruinösem Krieg zwar schließlich ein Verbot, Jerusalem zu betreten, aber keine Vertreibung aus dem Land. Trotz starker Emigration riß die Siedlungskontinuität in Judäa, wie es nun hieß, nicht ab.

Angehörige einer religiösen Minderheit, noch dazu »Gottesmörder«, waren die Juden im christlichen Mittelalter für jegliches Übel die idealen Sündenböcke. Der Holzschnitt aus dem 15. Jahrhundert zeigt aufs Rad geflochtene, zum Flammentod verurteilte Juden.

Für die Römer waren die Juden – wie auch die Christen – nichts als eine unbequeme rebellische Sekte. Die Juden, zahlenmäßig unerheblich gegenüber einer Großmacht, bedeuteten für Rom vor der konstantinischen Zeit kein weltanschauliches Problem. Das Feindbild bauten erst die Christen auf, als ihr Glaube 391 Staatsreligion wurde. Von jetzt an kämpfte die neue gegen die alte Religion, und das ist anderthalb Jahrtausende so geblieben.

Die Erinnerung hält markante Einchnitte der Exilgeschichte bereit. Einer der wichtigsten war die Ära der Kreuzzüge. Zu der Zeit gab es blühende jüdische Gemeinden in Deutschland, vor allem am Rhein. Im Begeisterungsrausch, die heiligen Stätten von den »Ungläubigen« zu befreien, stürzte man sich zunächst auf diejenigen, die man an Ort und Stelle greifen konnte. Damals gingen die jüdischen Gemeinden in Mainz, Köln, Speyer, Worms und andere zugrunde. Ähnliche Exzesse spielten sich in der Pestzeit um 1350 ab. Für das in seinen Ursachen nicht erkennbare Unheil wurden Schuldige gesucht.

Aus den Katastrophen des Mittelalters resultiert die jüdische Wanderbewegung nach Osten. In den Weiten Polens und Rußlands siedelten viele der »Aschkenasim«, der deutschen Juden. Ihre Sprache, das »Jiddische«, weist noch heute ihre Herkunft aus. Jiddisch beruht auf mittelhochdeutscher Basis (die, abgeschnitten von der sprachlichen Fortentwicklung in Deutschland, versteinerte, wurde mit slawischen Ausdrücken angereichert und gewann aus den heiligen Schriften – Thora, Talmud – hebräische Zutaten, wie auch die Schreibweise des Jiddischen hebräisch ist. Das aschkenasische Schicksal hatte seine Leidensverwandtschaft mit dem sephardischen. Das waren die spanischen Juden, die 1492 vertrieben wurden, in dem Jahr, als Kolumbus Mittelamerika entdeckte. Vier Jahre später wies der portugiesische König Manuel I. alle Juden aus dem Land, darunter jene, die dort Station gemacht und auf spätere Rückkehr gehofft hatten.

Auf zweihunderttausend schätzt man die Zahl der Juden, die von Spanien und Portugal in alle Himmelsrichtungen strömten, um eine neue Heimat zu finden. Die meisten wendeten sich nach Süden und Westen zu den anderen mittelmeerischen Ländern, ein Teil ging nach Norden, wo vor allem in den Niederlanden eine starke jüdische Kolonie entstand.

Im Vergleich hatten die deutschen Auswanderer die schlechtere Zukunft vor sich. In den slawischen Ländern entwickelte sich ein starker bodenständiger Antisemitismus; nicht sofort, erst im Verhältnis zu der wachsenden Zahl der Juden, die am Ende auf Millionenstärke wuchs. Anfänglich waren sie sogar von den einheimischen Fürsten privilegiert worden.
Im Licht neuerer Geschichte, näherliegender Erinnerung, war das ostjüdische Dasein kummervoll. Wohnlich eng gedrängt, übervölkert, mit kärglichem Lebensunterhalt, in latenter Dauerfurcht vor Ausschreitungen (Pogrom ist ein russisches Wort und heißt Verwüstung) suchten die Juden Zuflucht in religiöser Mystik (die chassidische Erweckungsbewegung) und in den kulturgeschichtlich noch wenig ausgeschöpften Reichtum des typisch jiddischen Witzes. Hier ein Beispiel für die Ironisierung der äußeren Not:
Ein Jude, dem vom Arzt eine Urinprobe verordnet worden ist, fragt in der Apotheke nach dem Preis. 2 Zloty 50 lautet die Antwort. Dem Fragesteller ist das zu teuer. Bald aber kommt er zurück – mit einer gewaltigen Flasche, gefüllt bis zum Rand. Die Probe wird untersucht, sie zeigt zum Glück keinen Befund. Freudig kommt der Patient nach Hause: »Sarah, ich bin gesind, Du bist gesind, de Ruth is gesind, das Jakoble is gesind, die Ziege is gesind, der Hind is gesind.«
Unterdrückte werden leicht zu Revolutionären, weil sie vom Umsturz Besserung erhoffen. Kein Wunder, daß viele Juden als Zarengegner im Untergrund arbeiteten und den Marxismus mitprägten. Unglücklich aber auch, daß gerade *der* Herrscher umgebracht wurde, der relativ der fortschrittlichste war: Alexander II. (1881). Wegen jüdischer Beteiligung ließ der nächste Pogrom nicht auf sich warten. Er war besonders schlimm – und hatte wiederum eine weltgeschichtliche Folge: Von daher datiert der Hauptanstoß, die Heimkehr nach Palästina anzustreben. Eine zu dem Zweck gegründete Vereinigung russischer »Zionsfreunde« (Chowwewe Zion) formulierte 1882 einen Aufruf, in dem es hieß: »Überall werden wir abgewiesen, überall hinausgedrängt, man hält uns für Fremde. Ist wirklich alle Hoffnung verloren? O nein, Judäa soll sich wieder erheben! Laßt uns das Leben in fremden Ländern aufgeben und uns im Lande unserer Vorväter auf festen Boden stellen...«

Das war noch nicht der eigentliche politische Zionismus, wie Theodor Herzl ihn vierzehn Jahre später zu propagieren begann; auch lag hier bei den russischen Juden stärker der *religiöse* Antisemitismus zugrunde, während Mitteleuropa inzwischen zum *rassischen* Antisemitismus übergegangen war. Aber es wurde das Strombett gegraben, in dem der Zionismus bald heftige Wellenbewegung bewirken sollte. 1882 kann als Stichdatum für die Bemühungen gelten, den Juden nach unendlich langem Exil wieder ein eigenes Land zu erobern. Die letzten Hindernisse dafür hat Hitler aus dem Wege geräumt, er, unter dem der rassische Antisemitismus auf die Spitze getrieben wurde. Wie kam es eigentlich zu dieser Variante der Judenfeindschaft (die das religiöse Feindbild, jedenfalls in Mitteleuropa, weithin ablöste) und wie äußerte sie sich?

Der »Arier« wird entdeckt

In der vorigen Jahrhundertmitte erkennen wir deutliche Übergänge vom einstigen Vorrang der Philosophie zur Priorität der Naturwissenschaft. Was die großen spekulativen Systeme an letzten Erkenntnismöglichkeiten über den Menschen und seine Bestimmung vorenthalten hatten, das wurde nun mit Hilfe junger, wirklichkeitszugewandter Disziplinen versucht – voran der Biologie.
Bevor noch Charles Darwin seine berühmte Abstammungslehre publizierte, legte ein französischer Graf einen Wertkatalog der Menschenrassen vor. Ein vierbändiger Essay (1853–1855) versuchte deren Ungleichheit im Sinne qualitativer Unterschiede zu beweisen. Dem Comte de Gobineau (1816–1882) hatten es besonders die Nordmenschen angetan. Er nannte die blonden, langschädeligen Germanennachkommen »Arier«, womit abermals ein falschverstandener Rassenbegriff eingeführt war; denn historisch sind Arier etwas ganz anderes: eine indisch-iranische Sprachgruppe indogermanischer Herkunft, die sich selber als »Arier« bezeichnet hatte.
Nicht nur Gobineaus Arierbegriff stiftete Unheil; seine ganze Lehre tat es mit. Die Neuarier besaßen bei ihm natürlich ihr dunkles Gegenbild in den anderen Rassen, die es zu beherrschen galt. Da waren die Juden nicht besonders herausgehoben, aber der

Fingerzeig war deutlich, wo es künftig zu sondern und zu scheiden galt. Das besorgten andere. Daß Gobineaus unwissenschaftlicher »Versuch über die Ungleichheit der menschlichen Rassen« gerade in Deutschland auf so fruchtbaren Boden fiel, erscheint zunächst sonderbar. Der Verfasser sah nämlich in den Deutschen keineswegs »Arier«, sondern ein unappetitliches keltisch-slawisches Gemisch. Vielleicht hat gerade die Abqualifizierung psychologisch das Bemühen um Selbstwertsteigerung im Gefolge gehabt. Steigern konnte man sich, indem man andere, Minderrassige unter sich ließ. In dieser populärphilosophischen Hackordnung fanden sich Slawen und Juden, vor allem aber Juden, bald am unteren Tabellenplatz.

Begeisterter Anhänger Gobineaus war Richard Wagners Schwiegersohn Houston Stewart Chamberlain, der ebenfalls, nur weiter zugespitzt, die Überlegenheit der germanischen Rasse pries und Jesus nachträglich zum Arier ernannte. Sein Buch »Die Grundlagen des 19. Jahrhunderts« (1899) entstand während eines zwanzigjährigen Aufenthaltes in Wien. Hier werden schon Verbindungslinien deutlich: pseudowissenschaftlich verkleidete Abwehrreaktionen gegen »rassische Überfremdung«. Ein anderer Bewohner Wiens, über den bald mehr zu sagen sein wird, sog solche »gelehrten« Bestätigungen seiner eigenen Eindrücke später begierig in sich auf.

Wann der rassische Antisemitismus zum weltanschaulichen Faktor wurde, läßt sich ungefähr bestimmen: In den siebziger Jahren des 19. Jahrhunderts, also noch deutlich vor Chamberlains literarischer Wirksamkeit, war er schon atmosphärisch faßbar. Es ist als ausgesprochen tragisch zu bezeichnen, daß die rassische Form des Judenhasses sich breit machte, als gerade die letzten Schranken der althergebrachten Diskriminierung gefallen waren. Seit der Aufklärung hatte sich ein Gesinnungsumschwung angebahnt, der erstmals in der amerikanischen und dann in der Französischen Revolution gesetzlich fixiert worden war: die bürgerliche Gleichheit und die Glaubensfreiheit. Während der französischen Vorherrschaft in Europa hatte die Judenemanzipation sich auf dem Kontinent ausgebreitet, war dann freilich zunächst vielfach wieder beseitigt worden – aber doch nur, wie eben kalte Märzwinde einen vorübergehenden, begrenzten Rückfall in den Winter bringen. Grundsätzlich war die neue Zeit nicht aufzuhalten.

Schrittweise fielen die Schranken in den deutschen Einzelstaaten. Im Bismarckreich bestanden keine mehr, im Prinzip jedenfalls. Einen jüdischen Minister gab es dennoch nicht, und irgendwo in der Beamten- und Militärhierarchie endete der jüdische Aufstieg trotz aller gesetzlichen Emanzipation. Gleichviel: »Kaum ein Teil des jüdischen Volkes«, schreibt Nahum Goldmann in seinen Erinnerungen, »konnte von den Möglichkeiten, die die Emanzipation im neunzehnten Jahrhundert eröffnet hatte, einen solchen Gebrauch machen ... wie der deutsche.«

Ehe die Blütenträume also ungestört reifen konnten, kam aus der Unwetterecke des Antisemitismus schon wieder der erste Hagelschlag. Die Erscheinungsformen der Judenfeindschaft überlappten sich. In Osteuropa, in Rußland vornehmlich mit seinen vielen Völkerschaften, hatte ein rassischer Antisemitismus kaum Chancen; dort blieb er mehr religiös oder ganz einfach nationalistisch bestimmt. Bei uns war die religiöse Judenfeindschaft abgeklungen, als die Volksseele aus ihren Niederungen die neue Sumpfblüte, die rassische, trieb. Das ging alles in räumlicher Trennung zeitlich nebeneinander her.

Damit ist aber nicht alles erklärt. Mit der Formel »Rassenantisemitismus« wird die Variante der Judenfeindschaft in Mitteleuropa seit dem späteren 19. Jahrhundert nicht völlig erfaßt. Handfeste Wirtschaftsinteressen kamen hinzu.

Schon im Mittelalter hatte neben dem Hauptfaktor Religion sehr oft das Geld eine verfolgungauslösende oder -begleitende Wirkung gehabt. Man schrie »Christusmörder« und wurde bei der Gelegenheit die Schulden los. Denn die Juden waren ja als Geldverleiher immer wieder in eine Rolle gedrängt worden, die die Kirche den Christen verbot: das Zinsnehmen. Daß dieser Zwangsberuf (viele andere Tätigkeiten gestattete die christliche Gesellschaft den Juden nicht) einträglich war, daß er zu mancher Ausnutzung verführte – wer wollte das bestreiten. Der »Kaufmann von Venedig« war eine solche, von den Christen letztlich zu verantwortende Negativfigur. So etwas löste wiederum Haß aus – ein Teufelskreis.

Nun, im letzten Drittel des 19. Jahrhunderts gab es auf wirtschaftlichem Gebiet keine Hinderungsgründe mehr für den gelderfahrenen jüdischen Verstand; dafür aber Widerstand der Minder-

Da den Juden die Ausübung zahlreicher Berufe verboten war und Christen im Mittelalter keinen Zins nehmen durften, waren die Juden besonders stark im Geldgeschäft vertreten. Der Holzschnitt aus dem 16. Jahrhundert zeigt einen jüdischen Geldverleiher vor seinem Rechentisch.

talentierten, der Zukurzgekommenen, der Ausgebeuteten (und jüdische Kapitalisten beuteten ebenso aus wie nichtjüdische). Vor allem dann, wenn wirtschaftliche Erschütterungen eintraten und in ihren Zusammenhängen von vielen nicht verstanden wurden (wie der Krach nach den Gründerjahren), wurden Schuldige gesucht. Den Zorn auf die Juden zu lenken, versprach immer Erfolg. Dafür war der reizbare Killerinstinkt der Unwissenden noch oder schon wieder empfänglich. Wenn Wilhelm Marr Mitte der siebziger Jahre die Auswirkungen der Bankenzusammenbrüche in die Worte kleidete: »...Der Sieg des Judenthums über das

Germanenthum« – dann wird hinreichend klar, wie primitiv und billig die Vorwürfe sein durften, um trotzdem noch ein Echo zu finden. Das Judentum sauge dem deutschen Volk das Mark aus den Knochen, schrieb zur gleichen Zeit Otto Glagau und unterschied »raffendes« und »schaffendes« Kapital.

Nimmt man alle Lebenserscheinungen Deutschlands zusammen, so war der Antisemitismus letztlich dennoch nur ein Randproblem im Kaiserreich. Nicht so in Österreich. Der Vielvölkerstaat hatte anders als der große Bruder im Norden Siedlungsgebiete mit konzentriertem jüdischem Bevölkerungsanteil, vor allem in Galizien, dem Erbstück aus der ersten polnischen Teilung. Die ärmlichen Verhältnisse ließen viele abwandern, um woanders ihr Glück zu suchen. Die glänzende Metropole Wien zog solche Glücksritter unaufhörlich an. Hinter der prächtigen Fassade war indes das soziale Ungleichgewicht besorgniserregend, somit Konkurrenz und Existenzdruck beträchtlich. Ein höchst unverdächtiger Beobachter, Theodor Herzl, selber ein assimilierter Wiener Jude von österreichisch-ungarischer Herkunft, erkannte in seinen Tagebüchern ohne Umschweife an, daß die Emanzipation schweren Druck in die Mittelstände bringe.

Das eingesessene Österreich reagierte mit heftigen Rückfällen in längst vergessen geglaubte Judenfeindschaft. » ... Als wirksamstes Mittel wird der Boykott anempfohlen: ›Kauft nichts bei Juden!‹ Dieser Ruf hat sich von Wien aus über ganz Österreich fortgepflanzt, und von seiner Wirkung wissen Tausende der ärmsten jüdischen Geschäftsleute zu berichten.« So klagte ein österreichischer Delegierter auf dem ersten Zionistenkongreß in Basel, 1897.

Vieles, was damals geschah, erscheint wie eine Vorübung fürs Dritte Reich. Späteres Unheil verwundert um so weniger, als dessen lenkender Wille gerade in dem Österreich der Jahrhundertwende weltanschaulich geprägt worden ist. Hitler *mußte* nicht werden, wie er geworden ist; es gibt kein erkennbares Schlüsselerlebnis für seinen Judenhaß. *Daß* er aber so geworden ist, läßt sich aus den Beeinflussungen seiner Jugendjahre zumindest theoretisch rekonstruieren. Mit einem Vorbehalt: Das Übermaß seines Vernichtungswillens ist aus den einzelnen Zutaten seines Weltbildes nicht herzuleiten, sondern bleibt das ungelöste Rätsel seiner Persönlichkeit.

Ein Antisemit entsteht

Welcher Art waren die antisemitischen Einwirkungen auf den jungen Adolf Hitler? Einen Teil davon hat er schon nach Wien mitgebracht, nicht erst dort in sich aufgenommen. Dazu gehörte einmal, daß sein Vater, der Zollbeamte Alois Hitler, Anhänger des Alldeutschen Schönerer war, Georg Ritter von Schönerer, ein Vorkämpfer großdeutscher Politik. Hitlers Vater, der Grenzlanddeutsche, schätzte den Politiker gerade unter diesem Aspekt, wohl weniger wegen seines Antisemitismus. Aber der Antisemitismus war anscheinend nicht hinderlich, um in Schönerer ein Vorbild zu sehen.

In die gleiche Kerbe schlug Adolf Hitlers Geschichtslehrer in Linz, Leopold Pötsch. An der Realschule, so erinnerte sich Hitlers Jugendfreund Kubizek, gab es »ausgesprochen antisemitisch eingestellte Lehrer, die auch vor den Schülern ihren Judenhaß offen bekannten«. Damals, als er seinen 15jährigen Mitschüler kennenlernte, sei dieser schon antisemitisch eingestellt gewesen, schreibt Kubizek.

Neben Schönerer, den Hitler schon vom Vater »geerbt« hatte, und neben Prof. Pötsch war Karl Lueger ein dritter Baumeister am hitlerschen Weltbild. Der Wiener Bürgermeister, der sich kommunalpolitisch sehr verdient gemacht hat, sagte von den Juden, mit weniger Anspruch auf ehrendes Gedenken: »Es ist alles eins, ob man sie hängt oder köpft.« Der alte Kaiser hatte lange gezögert, bevor er dem Demagogen die Geschicke der Hauptstadt anvertraute. Doch nach dem dritten Wahlsieg seiner Christlich-Sozialen Partei (1897) konnte er an dem begabten Parteiführer mit dem photogenen Charakterkopf nicht länger vorbei. In den ersten Wiener Jahren erlebte Hitler Karl Lueger noch im Amt.

Bei den genannten geistigen Ratgebern des jungen Amateurmalers in Wien, der zweimal durch die Akademieprüfung fiel, standen politische und wirtschaftliche Motive des Antisemitismus im Vordergrund. Eindeutig rassische Zutaten kamen in das Giftgebräu durch einen entlaufenden Mönch. Der selbsternannte Adelige Jörg Lanz von Liebenfels entwickelte in seinen »Ostara«-Leseheften abstruse Rassenphilosophien, wie sie selbst Gobineau seiner Leserschaft nicht zugemutet hätte. Lanz baute in seiner Phantasie ein

Hypergermanentum von »blondblauen« Männern und Frauen auf, die in »planmäßiger Reinzucht« zu »heroischer Edelrasse« geformt werden sollten. Für die Minderrassigen hielt er die Deportation, Sterilisierung, ja Ausrottung für angemessen.

In diesem unfaßbar primitiven Retorten-Rassismus ist alles vorweggenommen, was im himmlerschen Vollzugsbereich einmal blutiger Ernst werden sollte. In seinem Lese- und Informationshunger (Kubizek: »Ich kann mir Adolf gar nicht ohne Bücher vorstellen«) ist Hitler irgendwann auch auf diese abgründige Ideologie gestoßen. Da der Name Lanz in seinen Selbstzeugnissen nicht vorkommt, bleibt das Ausmaß jener Einflußnahme unbestimmt.

Dafür ist aber erwiesen, daß er ein anderes fürchterliches Machwerk des Antisemitismus ernst genommen hat: die »Protokolle der Weisen von Zion«. Das war ganz ursprünglich eine französische Satire auf Napoleon III., hatte mit dem Judentum inhaltlich nichts zu tun. Erst durch Bearbeitung – die Vorgänge sind aufgehellt, aber trotzdem von einer so dschungelartigen Verfilzung, daß man sie in wenigen Zeilen nicht darstellen kann – erhielt das Pamphlet seinen antisemitischen Akzent. Geschrieben während der Dreyfus-Affäre vor Ende des Jahrhunderts, enthüllen die angeblichen Sitzungsprotokolle einer jüdischen Verschwörertagung in Basel den Plan, das gegenwärtige Staatensystem zugunsten einer jüdischen Weltherrschaft abzulösen.

Die »Protokolle« sind 1921 von der englischen »Times« als eine Fälschung in Etappen entlarvt worden, achtzehn Jahre nach dem Erstdruck in einer russischen Zeitung. Hitler aber glaubte an die Echtheit. Daß anfänglich wirklich Anhaltspunkte dafür gesehen worden waren, geht sogar aus der seriösen »Times« selber hervor; sie hatte im Mai 1920 dergleichen für möglich gehalten – so raffiniert war die Fälschung, oder besser: so weltanschaulich erhitzt war jene Zeit. Heute würde solch ein Dokument vermutlich von vornherein als Hirngespinst abgetan.

Hitler jedenfalls ließ sich von den Dementis nicht beeindrucken. Längst besaß er ein Weltbild, in dem nur noch Stützendes, Bestätigendes Aufnahme fand, Gegenbeweise aber gar nicht mehr zur Kenntnis genommen wurden. So heißt es im ersten Band von »Mein Kampf«, geschrieben 1924:

»... Es ist ganz gleich, aus welchem Judenkopf diese Enthüllungen stammen, maßgebend aber ist, daß sie mit geradezu grauenerregender Sicherheit das Wesen und die Tätigkeit des Judenvolkes aufdecken und in ihren inneren Zusammenhängen sowie den letzten Schlußzielen darlegen.«

Das ist nun schon ein Vorgriff auf eine Zeit – Mitte der zwanziger Jahre –, die uns im Rahmen des Einleitungskapitels nicht mehr beschäftigt. Als Hitler aus Wien fortging (1913) waren ihm die »Protokolle« höchstwahrscheinlich, wie den meisten in Deutschland, nicht bekannt. Aber aus anderen Zuflüssen hatte sich sein Bild vom Judentum negativ so weit gefestigt, daß er später behauptete, er sei in seinen Wiener Jahren »zum fanatischen Antisemiten geworden«.

Beweise im einzelnen gibt es dafür nicht. Bestimmt aber waren die Bausteine seines Weltbildes schon alle beisammen, als er Wien verließ. Auf einen Nenner gebracht, läßt es sich sozialdarwinistisch nennen. Von dem großen englischen Biologen des 19. Jahrhunderts hatte er die Erkenntnis vom »Kampf ums Dasein« in der Natur zum Recht des Stärkeren im Völkerkampf umgebogen, was ein Mißverständnis war. Falsch verstanden war ferner das angebliche »Wollen der Natur« in Richtung Rassereinheit. Von Darwin her, von Gobineau her, von Chamberlain her, von ehrenwerten und weniger ehrenwerten Lehrmeistern, gewann er so die beiden Vorstellungen, die fortan wie ein Schienenstrang durch sein Denken liefen – und später durch seine Politik: Lebensraum und Rasse.

1919 stellt Hitler sich nun wirklich als fertiger Antisemit vor. Dafür zeugt ein Brief an Adolf Gemlich, einen Mit-Propagandisten im Reichswehr-Gruppenkommando München, worin Hitler im Sommer 1919 agitatorisch tätig war. In dem Brief streitet Hitler den Juden in Deutschland, die die deutsche Sprache sprechen, rundweg das Recht ab, sich Deutsche zu nennen. Er bezeichnet sie als »eine nichtdeutsche, fremde Rasse«, welcher es einzig darum gehe, »Geld- und Herrschgier zu befriedigen«. Danach kommen die Sätze: »Der Antisemitismus der Zukunft jedoch muß führen zur planmäßigen gesetzlichen Bekämpfung und Beseitigung der Vorrechte des Juden... Sein letztes Ziel aber muß unverrückbar die Entfernung der Juden überhaupt sein.«

Seltsamer Zufall: Am selben Tag (16. 9. 1919) trat Hitler der Deutschen Arbeiter-Partei bei. Seine Karriere begann...

Dokumente
Antisemitismus vor Hitler

Judenfeindschaft hat in Deutschland – wie auch im übrigen Europa, das sei nicht verschwiegen – eine lange Tradition. Die Juden mußten stets als Sündenböcke für die Übelstände der Welt und alles Ungewöhnliche, Naturkatastrophen, Pest und Mordfälle herhalten. Kern der Abneigung blieb aber immer ihr abweichendes Glaubensbekenntnis; am deutlichsten wird dies im Judenpamphlet Martin Luthers, der ja sofort von ihnen abzulassen verspricht, wenn sie nur ihre »Abgötterei« aufgeben. Zu den religiösen und psycho-sozialen Motiven treten im 19. Jahrhundert ökonomisch-rassistische. Ein von den großen wirtschaftlichen Umwälzungen erschüttertes Kleinbürgertum sucht und findet Bestätigung in kolonialistischen und imperialistischen Herrenmenschentheorien. Der Jude wird aufgehöht zum bösen Prinzip, zum planmäßigen Zerstörer der abendländischen Werte – eben weil er der »anderen« Rasse angehört. Noch ist von Judenmord die Rede nicht; die Ideologen haben im Grunde eher den »Arier« im Blick, der sich so ernst auf seine Rasse besinnen solle wie es der Jude seit Jahrtausenden tue. Aber in Vorfällen wie etwa dem von Xanten 1900 taucht eine erste Ahnung auf, wozu rassistischer Antisemitsimus fähig sein wird.

Judenverfolgung am Rhein

Trierer Chronik, 1287

Im Jahre des Herren 1287 wurde ein armer christlicher Junge namens Werner, als er in der Stadt Oberwesel aus dem Keller eines Juden einen Korb hochtrug, von den ungläubigen Juden, diesen Feinden des christlichen Glaubens, nach vorgefaßtem Plan überfallen. Sie fügten dem unschuldigen Knaben viele Verletzungen zu, zerfleischten seine Glieder und töteten ihn grausam ... Da ergriff die Wut die Menschen weit und breit, und sie machten sich über die Juden in der Gegend her. Welche erwürgten sie, andere verbrannten sie in ihren Häusern samt Frauen und Kindern. Sie erschlugen sie und ersäuften sie.

Quellenangabe:
Leo Sievers, Juden in Deutschland. Hamburg 1978

Gegen die Wucherjuden

Flugblatt, 1493

Fürst, Graf und Herr, folg meiner Lehr,
Die ich dir gieb; hast du Gott lieb,
So meid' drei Stück auf Erden.
Nit setz dein Mut auf Wuchergut,
Nit mach das Recht zu einem Knecht,
Ob du willst selig werden.
Und hab' die Juden nit zu lieb,
Setz' nicht auf sie Vertrauen,
Sie sind deiner Seelen Dieb,
Die Schmäher unsrer Frauen.

Quellenangabe:
Georg Liebe, Das Judentum. Leipzig 1903

Erklärlicher Widerwille

Johann Trithemius, Abt in Würzburg (gest. 1516)

Es ist erklärlich, daß sich bei Hohen und Niedrigen, Gelehrten und Ungelehrten ein Widerwille gegen die wucherischen Juden eingewurzelt hat, und ich billige alle gesetzlichen Maßregeln zur Sicherung des Volkes gegen Ausbeutung durch den Judenwucher.

Oder soll etwa ein fremdes, eingedrungenes Volk über uns herrschen und zwar nicht durch größere Kraft, Mut und Tugend, sondern durch Geld, dessen Erwerb ihm das liebste zu sein scheint? Aber nicht durch gewaltsame Verfolgungen und Ausplünderungen muß man sich der Judenplage entledigen, sondern dadurch, daß man den Juden allen Wucher und alles schändliche Betrügen abschneidet und sie selbst zu nützlichen Arbeiten auf dem Felde und in Werkstätten anhält.

Quellenangabe:
Georg Liebe, Das Judentum. Leipzig 1903

Alles muß zum Juden laufen

Spottlied aus Regensburg, Anf. 16. Jh.

Hunger und Not und großen Zwang,
Das leidt der arme Handwerksmann.
Es was kein Handwerk also schlecht,
Dem der Jud nie großen Schaden brächt.
So einer ein Kleid kaufen wollt,
Gar bald er zu dem Juden trollt,
Silbergeschirr, Zinn, Leinwand, Barett
Und was er sonst im Haus nit hätt,
Das fand er bei den Juden zuhand,
Es was ihnen alles gesetzt zu Pfand.
Denn was man stahl und raubt mit Gewalt,
Das hatt' alles da sein Aufenthalt.
Was jemand in der Kirchen fand,
Das kam dem Juden heim zuhand.
Ein Gut, das fünfzig Gulden kam,
Das nahm der Jud für zehen an,
Hatt' er's ein Wochen oder neun,
So zog er's für sein eigen ein
Mäntel, Hosen und anderlei,
Das fand man bei dem Juden feil;
Der Handwerksmann konnt' nichts verkaufen,
Es was alles zum Juden laufen.
Nichts minder mußt' er geben Zins
Von Häusern, Läden und auch sonst.

Quellenangabe:
Georg Liebe, Das Judentum. Leipzig 1903

Auf Parkbänken durften Juden nicht neben »Ariern« sitzen. Der Boykott vom 1. April 1933, motiviert als Antwort auf »jüdische Greuelpropaganda«, sollte ihnen die wirtschaftliche Basis entziehen.

In der »Reichskristallnacht« wird dem Schwiegervater des Dr. Weiss der Buchladen zertrümmert, er selbst halbtot geschlagen. Dr. Weiss wird später mit seiner Frau nach Auschwitz transportiert.

Dr. Weiss' Sohn Karl erfährt im KZ Buchenwald die Brutalität der Bewacher. Sein Leidensweg führt ihn über das Prominenten-KZ Theresienstadt in die Todesmühlen von Auschwitz. – Szenen aus »Holocaust«.

Die »lange Treppe« gehörte zu den besonderen Folterstrecken im KZ Mauthausen in Oberösterreich. Unzählige Häftlinge quälten sich hier täglich schwer beladen die Stufen hoch. Tausende starben.

Von den Juden und ihren Lügen

Martin Luther, 1543

Was wollen wir Christen nun tun mit diesem verworfenen, verdammten Volk der Juden? Dulden können wirs nicht, nachdem sie bei uns sind und wir so ein Lügen, Lästern und Fluchen von ihnen wissen, damit wir uns nicht teilhaftig machen all ihrer Lügen, Flüche und Lästerung. Wir müssen mit Gebet und Gottesfurcht eine scharfe Barmherzigkeit üben (und sehen), ob wir nicht doch einige aus der Flamme und Glut erretten können. Ich will meinen treuen Rat geben:
Erstens, daß man ihre Synagoga oder Schule mit Feuer anstecke und, was nicht verbrennen will, mit Erde überhäufe und beschütte, daß kein Mensch einen Stein oder eine Schlacke davon sehe ewiglich. Zweitens, daß man auch ihre Häuser ebenso niederreiße und zerstöre. Denn sie treiben darin dasselbe wie in den Schulen. Dafür kann man sie etwa unter ein Dach oder einen Stall tun wie die Zigeuner, damit sie wissen, sie sind nicht Herrn in unserm Lande, wie sie prahlen, sondern im Elend und gefangen, wie sie ohn' Unterlaß vor Gott über uns Zeter schreien und klagen. Drittens, daß man ihnen alle ihre Gebetbüchlein und Talmudisten nehme, in denen diese Abgötterei, Lügen, Fluch und Lästerung gelehrt wird. Viertens, daß man ihren Rabbinern bei Leib und Leben verbiete, weiterhin zu lehren. Fünftens, daß man den Juden das freie Geleit und das Recht auf die Straßen ganz aufhebe. Denn sie haben nichts auf dem Lande zu schaffen, weil sie weder Herrn noch Beamte noch Händler oder dergleichen sind; sie sollen daheim bleiben. Sechstens, daß man ihnen den Wucher verbiete und ihnen alle Barschaft und Kostbarkeiten in Gold und Silber nehme und lege es beiseite, es aufzuheben. Und dies ist der Grund dafür: alles, was sie haben, haben sie uns, wie oben gesagt, durch ihren Wucher gestohlen und geraubt, weil sie sonst keinen anderen Erwerb haben. Siebentens, daß man den jungen, starken Juden und Jüdinnen Flegel, Axt, Hacke, Spaten, Rocken, Spindel in die Hand gebe und lasse sie ihr Brot verdienen im Schweiß der Nasen, wie Adams Kindern auferlegt ist.

Quellenangabe:
Martin Luther, Die Hauptschriften, o.O., o.J.

Ausmergelung des Volkes

Prediger Jodocus Ehrhardt, um 1558

»Wenn man wissen will, aus welchen Ursachen sie bei so vielen Fürsten, Grafen und Edelleuten ohnangesehen der Ausmergelung des Volkes Begünstigung und Vorschub finden, so ist doch nicht die mindeste, viel eher der größten Ursachen eine die, daß solch hohe Herren bei den Juden in tiefen Schulden stehen und ohne sie sich gar nicht über Wasser halten können; das ist allbekannt und könnte man wohl, ich geschweige aus Respect der Könige und Fürsten, viel vom hohen und niedern Adel mit Namen nennen, bei denen solches, wie jedermann weiß, zum erbarmlichsten zutrifft. – Müssen nicht die armen Christen den vermaledeiten Juden schier alles thun, was sie von ihnen heischen und fordern? Und das aus keiner andern Ursache, als weil sie den Juden mit ihren hochbeschwerlichen wucherischen Zinsen und Zinseszinsen so jämmerlich verschuldet sind, daß sie oftmals nichts mehr oder nur wenig noch ihr Eigen nennen können. Wie oftmals sind den Juden die Früchte des Feldes schon verschrieben, lange ehe sie eingeerntet worden, und wieviel bleibt dem armen Bauersmann mit Weib und Kind noch übrig? Sage mir, wieviel in den Orten, wo Juden sitzen, die gemeinen Bauern noch eigen Vieh haben? Gehört es nicht all oder mehrstenteils den Juden? Und lassen die vom Adel, so selber unter den Juden stecken und ihre Freunde und Factores sind, solches alles ungestraft hingehen, schützen nicht den armen Mann auf ihren Gütern gegen die Wucherteufel, so sie doch billig thun sollten, sondern geben viel eher auch dann, wenn die oberste Landesregierung die Juden auszutreiben befiehlt, denselbigen Schirm und Unterschlupf«.

Quellenangabe:
Georg Liebe, Das Judentum. Leipzig 1903

Jud Süß

Wilhelm Hauff, 1826

Der Karneval war nie in Stuttgart mit so großem Glanz und Pomp gefeiert worden, als im Jahre 1737. Wenn ein Fremder in die ungeheuren Säle trat, die zu diesem Zwecke aufgebaut und prachtvoll dekorirt waren, wenn er die Tausende von glänzenden und fröhlichen Masken überschaute, das Lachen und Singen der Menge hörte, wie es die zahlreichen Fanfaren der Musikchöre übertönte, da glaubte er wohl nicht in Württemberg zu sein, in diesem strengen, ernsten Württemberg, streng geworden durch einen eifrigen, oft ascetischen Protestantismus, der Lustbarkeiten dieser Art als Ueberbleibsel einer anderen Religionspartei haßte; ernst, beinahe finster und trübe durch die bedenkliche Lage, durch Elend und Armuth, worein es die systematischen Kunstgriffe eines allgewaltigen Ministers gebracht hatten.

Der prachtvollste dieser Freudentage war wohl der zwölfte Februar, an welchem der Stifter und Erfinder dieser Lustbarkeiten und so vieles Andern, was nicht gerade zur Lust reizte, der Jud Süß, Kabinetsminister und Finanzdirektor, seinen Geburtstag feierte. Der Herzog hatte ihm Geschenke aller Art am Morgen dieses Tages zugesandt; das Angenehmste aber für den Kabinetsminister war wohl ein Edikt, welches das Datum dieses Freudentages trug, ein Edikt, das ihn auf ewig von aller Verantwortung wegen Vergangenheit und Zukunft freisprach. Jene unzähligen Kreaturen jeden Standes, Glaubens und Alters, die er an die Stelle besserer Männer gepflanzt hatte, belagerten seine Treppen und Vorzimmer, um ihm Glück zu wünschen, und manchen ehrliebenden, biedern Beamten trieb an diesem Tage die Furcht, durch Trotz seine Familie unglücklich zu machen, zum Handkuß in das Haus des Juden.

Dieselben Motive füllten auch Abends die Karnevalssäle. Seinen Anhängern und Freunden war es ein Freudenfest, das sie noch oft zu begehen gedachten; Männer, die ihn im Stillen haßten und öffentlich verehren mußten, hüllten sich zähneknirschend in ihre Dominos und zogen mit Weib und Kindern zu der prachtvollen Versammlung der Thorheit, überzeugt, daß ihre Namen gar wohl ins Register eingetragen und die Lücken schwer geahndet würden; das Volk aber sah diese Tage als Traumstunden an, wo es im Rausch der Sinne sein drückendes Elend vergessen könnte; es berechnete nicht, daß die hohen Eintrittsgelder nur eine neue indirekte Steuer waren, die es dem Juden entrichtete.

Quellenangabe:
Wilhelm Hauff's sämtliche Werke, hrsg. von Gustav Schwab. Stuttgart 1830

Lösung der Judenfrage

Theodor Fritsch, 1886

Wir besitzen heute keine gesellschaftliche Vereinigung, die ein ähnlich festes Band darstellte, wie es das Judentum umschließt und zusammenzwingt. Hier ist Rasse, Nationalität, Religion, Rechtswesen, wirtschaftliches Interesse und Geistesschulung zu einer Einheit verschmolzen, die mustergiltig erscheinen könnte, wenn sie nicht die niederträchtigsten Mittel zur Anwendung brächte und den schlechtesten Zwecken diente: der Vernichtung der ehrlichen Menschheit. Und gegen solche Organisation ist auch der Stärkste und Beste wehrlos; selbst Heldensinn erliegt gegen die organisierte Schlechtigkeit.
Das Judentum gelangte zu solch fester Organisation notgedrungen: es war der Verzweiflungs-Anker für einen haltlos auf dem Lebensmeere Treibenden. Der Jude, ohne Arbeits-Talent, ohne schöpferischen Geist und Heldensinn, stand ratlos einer Welt gegenüber, die von ihm Kraft und Mut verlangte. Mit ehrlichem Schaffen sich zu erhalten, vermochte er nicht; so ging er den Weg aller Feigen und Schlauen: sich durch Verstellung und Trug die Lebensmöglichkeit zu erlisten. Dabei war er als Einzelner im Nachteil; er brauchte Schwarm-Genossen wie der Rabe. Der Dieb braucht Helfer und Hehler, Ausforscher und Aufpasser, Warner und Lügenzeugen, wenn er nicht allzu leicht dem Galgen verfallen will. Unehrliche Geschäfte, Dieberei und Falschspiel machen sich am besten durch Comparserie. So entstand die »Chawrusche«, die jüdische Diebes-Genossenschaft, die bis heute in Wirksamkeit ist. Sie brauchte eine strenge Satzung mit bindendem Schwur, um sich vor Verrat zu sichern; sie brauchte bei ihrer großen Ausdehnung und Verzweigtheit eine Oberleitung, die zugleich Richtergewalt hat und mit unerbittlicher Strenge schaltet. Der Erfolg unehrlicher Handlungen steigert sich progressiv mit der Zahl der Verschworenen; so hat sich das Judentum ausgewachsen zu einer weltumspannenden Organisation des Verbrechens.
Der Ehrliche hatte solche Künste nicht nötig. War er Jäger oder Ackersmann, Baumeister, Seefahrer oder Kriegsheld: er verließ sich auf seinen geraden Mut und die Kraft seines Armes. Er konnte auch als Einzelner seinen Weg durchs Leben finden – durch redliches Schaffen; für ihn war das Bedürfnis des Zusammenschlusses mit seinesgleichen nicht so brennend. Und der Geist

der Ordnung und Redlichkeit, der der Gesamtheit innewohnte, sorgte für das Uebrige. So blieb der organisatorische Sinn und das Gemeingefühl unter den Ehrlichen im Rückstande.
Nun aber ist das Leben verwickelter geworden; überall entscheidet das Gewicht der Massen; nun gibt es nur dort noch harmonisches Gedeihen, wo der organische Gedanke die Haufen zusammenfaßt.
Aber das Bedürfnis der Organisation ist doppelt dringlich geworden, seitdem das organisierte Verbrechen in das Leben eingegriffen hat. Nun unterliegt die Redlichkeit des Einzelnen überall den Anschlägen der organisierten Banden, mögen sie Chawrusche oder Trusts heißen; und die ehrliche Menschheit kann sich nur noch die Zukunft sichern durch strenge planmäßige Gliederung.
Die Redlichen müssen neue Lebens-Gemeinschaften bilden, die ihre Kraft ebenso fest und sicher zusammenfassen wie der Bund der Schlechten. Und die Gemeinschaft muß nicht nur politisch, sondern auch wirtschaftlich und religiös fest verkittet sein; vor allem muß sie nach Bluts-Einheit streben.
Der Jude geht hinter der Menschheit, wie der Wolf hinter der wandernden Herde. Was matt und lahm wird und zurück bleibt, das fällt ihm zum Raube. Das ist seine Mission: das Entartete in den Schlund des Verderbens hinab zu ziehen – die einzige ehrliche Mission, die er aufzuweisen hat. Jedem Wesen ward ein Feind erschaffen, der auf seine Vernichtung lauert. Der Wache und Gesunde hält sich den Feind lachend vom Leibe; dem Gebrochenen aber naht er als Erlöser, als ein Abkürzer der Untergangs-Schmerzen. Und so erscheint der Jude auch unserem Volke gleichsam als der verordnete Henker.
Wir wollen nicht trauern über die Sinkenden, denn sie sind des Versinkens wert. Es ist besser, daß das Leben von ihnen befreit wird. Wir wollen unseren Blick vorwärts und aufwärts richten zu den lichten Höhen, denen die geläuterte Menschheit entgegenstrebt. Das Leben ist ein unerschöpflicher Bronnen, der immer neue und reinere Wellen gebiert, wo er vor Trübung und Verschüttung bewahrt bleibt. Unreine Hände unerbittlich von ihm abzuschlagen, das sei unseres Wächer-Amtes!

Quellenangabe:
Theodor Fritsch, Handbuch der Judenfrage. Hamburg 1886

Das jüdische Zeitalter

Houston Stewart Chamberlain, 1899

Die Juden spielen in Europa und überall, wo europäische Hände hinreichen, eine andere Rolle heute als vor hundert Jahren; wir leben heute in einem »jüdischen Zeitalter«, mag man über die vergangene Historie der Juden denken wie man will, ihre gegenwärtige nimmt tatsächlich so viel Platz in unserer eigenen Geschichte ein, dass wir ihr unmöglich die Aufmerksamkeit verweigern können. Herder hatte trotz seines ausgesprochenen Humanismus doch gemeint: »Das Volk der Juden ist und bleibt auch in Europa ein unserem Weltteil fremdes, asiatisches Volk, an jenes alte, unter einem entfernten Himmelsstrich ihm gegebene und nach eigenem Geständnis von ihm unauflösbare Gesetz gebunden.« Ganz richtig. Dieses fremde Volk aber, ewig fremd, weil – wie Herder treffend bemerkt – an ein fremdes, allen anderen Völkern feindliches Gesetz unauflösbar gebunden, dieses fremde Volk ist gerade im Laufe des 19. Jahrhunderts ein unverhältnismässig wichtiger, auf manchen Gebieten geradezu ausschlaggebender Bestandteil des Lebens geworden. Schon vor hundert Jahren durfte jener selbe Zeuge mit Wehmut gestehen, die »roheren Nationen Europas seien freiwillige Sklaven des jüdischen Wuchers«, heute könnte er das selbe von dem weitaus grössten Teil der civilisierten Welt überhaupt sagen. Der Geldbesitz an und für sich ist aber das Wenigste; unsere Regierungen, unsere Justizpflege, unsere Wissenschaft, unser Handel, unsere Literatur, unsere Kunst ... so ziemlich alle Lebenszweige sind mehr oder weniger freiwillige Sklaven der Juden geworden und schleppen die Fronkette, wenn auch noch nicht an beiden Füssen, so doch an einem. Dabei ist jenes von Herder betonte »Fremde« immer stärker hervorgetreten; vor hundert Jahren hatte man es doch mehr nur geahnt; jetzt hat es sich bestätigt und bewährt, sich dem Unaufmerksamsten aufgedrängt. Von idealen Beweggründen bestimmt, öffnete der Indoeuropäer in Freundschaft die Tore: wie ein Feind stürzte der Jude hinein, stürmte alle Positionen und pflanzte – ich will nicht sagen auf den Trümmern, doch auf den Breschen unserer echten Eigenart die Fahne seines uns ewig fremden Wesens auf.
Sollen wir die Juden darob schmähen? Das wäre ebenso unedel, wie unwürdig und unvernünftig. Die Juden verdienen Bewunderung, denn sie haben mit absoluter Sicherheit nach der Logik und

Wahrheit ihrer Eigenart gehandelt, und nie hat die Humanitätsduselei (welche die Juden nur insofern mitmachten, als sie ihnen selber zum Vorteil gereichte) sie auch nur für einen Augenblick die Heiligkeit der physischen Gesetze vergessen lassen. Man sehe doch, mit welcher Meisterschaft sie das Gesetz des Blutes zur Ausbreitung ihrer Herrschaft benutzen: der Hauptstock bleibt fleckenlos, kein Tropfen fremdes Blutes dringt hinein; heisst es doch in der Thora: »kein Bastard soll in die Gemeinde Jahve's kommen, auch nicht nach zehn Generationen«, inzwischen werden aber Tausende von Seitenzweiglein abgeschnitten und zur Infizierung der Indoeuropäer mit jüdischem Blute benutzt. Ginge das ein paar Jahrhunderte so fort, es gäbe dann in Europa nur noch ein einziges rassenreines Volk, das der Juden, alles Übrige wäre eine Herde pseudohebräischer Mestizen, und zwar ein unzweifelhaft physisch, geistig und moralisch degeneriertes Volk.*

Quellenangabe:
Houston Stewart Chamberlain, Die Grundlagen des neunzehnten Jahrhunderts. München 1899

Der Xantener ›Ritualmord‹

Bericht im »Antisemiten-Spiegel«, 1900

*Am 29. Juni 1891, Abends zwischen 6–1/27 Uhr wurde in Xanten am Rhein der fünfjährige Knabe Johann Hegemann ermordet vorgefunden. Eine Dienstmagd entdeckte den Leichnam des Kindes in der Scheune des Kaufmanns Küppers in Xanten. Die von der Magd herbeigeholten Leute stellten fest, daß der Hals des Knaben bis zum Rückenwirbel durchschnitten war. Als der Xantener Arzt, Dr. Steiner, hinzukam, schien es ihm, als ob das wenige Blut, das er sah, einer »Nachblutung« zuzuschreiben sei und schloß daraus, daß Fundort und Thatort nicht zusammenfielen. Die medicinischen Sachverständigen stellten fest, daß der Mord ungefähr sechs Stunden vor der Auffindung der Leiche stattgefunden haben mußte.
Bald lenkte sich der Verdacht auf den jüdischen Schlächtermeister Buschhoff, weil ein paar Kinder und auch Erwachsene gesehen haben wollten, daß der kleine Hegemann von der Frau und der Tochter des jüdischen Schlächtermeisters Buschhoff in die Scheune gezogen worden sei. Andere behaupteten, dieser habe den Knaben am Vormittage des 29. Juni in seinem Schlachthaus gezüchtigt,*

weil er ihm mehrere Grabsteine beschädigt hätte.
In Folge der Gerüchte, die in Xanten über Buschhoff umliefen, wuchs die Erregung der Einwohnerschaft derart, daß sie sich in Excessen Luft machte. Es kam so weit, daß Buschhoff einige Tage nach dem Morde zum Bürgermeister mit dem Ersuchen herantrat, ihn zu verhaften, um vor Verfolgungen sicher zu sein. Das Besitztum Buschhoffs wurde demolirt und solche Excesse gegen Juden verübt, daß am 4. September 1891 9 Personen wegen groben Unfugs, Beschimpfung etc. vom Schöffengericht zu Geldstrafen verurteilt werden mußten. Da wandte sich im September die jüdische Gemeinde zu Xanten an den Minister des Innern mit der Bitte, auf ihre Kosten einen tüchtigen Kriminalbeamten behufs Entdeckung des wirklichen Mörders zu entsenden. Sie wollten die Kosten bereitwillig tragen. Der Minister entsprach sofort der Bitte der bedrängten Juden und sandte den Berliner Kriminal-Kommissarius Wolff (2. October) nach Xanten. Nach einem Aufenthalt desselben von mehr als einer Woche wurde Buschhoff nebst Frau und Tochter am 14. October 1891 verhaftet, weil sie ihm der Thäterschaft verdächtigt erschienen. Aber eine genauere Untersuchung der einzelnen Verdachtsmomente ergab die Gundlosigkeit des Verdachtes, und Buschhoff wurde mit seiner Familie am 24. December 1891 aus der Haft entlassen.
Unmittelbar nach der Ermordung des Knaben Hegemann wurden in Xanten und Umgebung antisemitische Flugblätter verbreitet, worin die Juden als die Mörder hingestellt wurden. Die antisemitischen Zeitungen behandelten fortgesetzt diesen neuesten Fall, dessen Motive nach ihrer Meinung nur »rituelle« sein konnten. Für sie war Buschhoff unzweifelhaft der Thäter. Ein Schrei der Entrüstung ging daher durch die antisemitische Presse, als Buschhoff aus der Haft entlassen wurde. Die Justiz wurde heftig angegriffen, besonders in öffentlichen Versammlungen. In Berlin, Leipzig, Halle, Hamburg, Göttingen und anderswo wurden in Versammlungen Resolutionen angenommen, welche den Justizminister zu erneutem Einschreiten gegen Buschhoff veranlassen sollten. Am 8. Februar 1892 wurde Buschhoff zum zweiten Male in Köln verhaftet, weil Kreisphysicus Bauer in einem der Buschhoff'schen Messer mit der Lupe eine Scharte entdeckt hatte, welche vielleicht die Risse im Kleidchen des toten Kindes hervorgebracht haben könnte. Am 8. April 1892 wurde die nunmehr durch den Landgerichtsrath Birck geführte Voruntersuchung geschlossen, vom 4. bis 14. Juli 1892 fand die Verhandlung vor dem Schwurgericht in

Cleve statt. Die zehntägigen Verhandlungen endigten mit der Freisprechung und sofortigen Haftentlassung Buschhoffs.
Die Beweisaufnahme hatte folgende Resultate ergeben: Die medizinischen Sachverständigen, Professoren der Bonner Universität, hatten ausgesagt, daß es nicht möglich sei, anzugeben, mit welchem Instrumente die Durchschneidung des Halses und die Beschädigung des Kleides vollführt sei. Der Fundort sei der Ort der That, es sei an Ort und Stelle soviel Blut im Stroh und auf dem Boden vorgefunden, als nach der Art der Verletzung vorhanden sein mußte. Auch Dr. Steiner, der, wie bemerkt, zuerst ein abweichendes Gutachten erstattet hatte, schloß sich am sechsten Verhandlungstage diesem Gutachten an.

Quellenangabe:
Antisemiten-Spiegel. Die Antisemiten im Lichte des Christenthumes, des Rechtes und der Wissenschaft. Danzig 1900

Jeder Nationalsozialist ein Antisemit

Hitlers grundlegende Rede über den Antisemitismus, 13. 8. 1920

Wenn wir zum Beispiel in diesen jüdischen Zeitschriften sehen, wie festgelegt wird, daß jeder Jude verpflichtet ist, unbedingt und überall in den Kampf einzutreten gegen jeden Antisemiten, wer und wo er sei, dann ergibt sich daraus die eine Folgerung, daß jeder Deutsche, wer und wo er sei, Antisemit wird. (Stürmisches Bravo und anhaltendes Händeklatschen.) Denn wenn schon der Jude eine Rassenbestimmung besitzt, so besitzen auch wir sie und sind verpflichtet, sie durchzuführen. Denn sie erscheint uns unzertrennlich von dem Begriffe sozial, und wir glauben nicht, daß je auf Erden ein Staat bestehen könne mit dauernder innerer Gesundheit, wenn er nicht aufgebaut wird auf sozialer innerer Gerechtigkeit, und so haben wir uns auch in dieser Erkenntnis zusammengeschlossen.
Da waren uns zunächst 3 Grundsätze klar, die unzertrennlich sind voneinander: Sozialismus als letzte Auffassung der Pflicht, der sittlichen Pflicht der Arbeit nicht um seiner selbst, sondern auch um seiner Mitmenschen willen, vor allem gemäß dem Grundsatz: Gemeinnutz vor Eigennutz, Kampf gegen alles Drohnentum und vor allem gegen das mühe- und arbeitslose Einkommen. Und wir waren uns bewußt, daß wir bei diesem Kampf auf niemand uns

stützen können als nur auf unser eigenes Volk. Wir waren der Überzeugung, daß Sozialismus in dem Sinne nur zu finden sein wird und sein kann bei Nationen und Rassen, die arisch sind, und da in erster Linie hoffen wir auf unser eigenes Volk und sind überzeugt, daß deshalb auch Sozialismus untrennbar ist von Nationalismus. (Lebhafter Beifall.) Denn national sein heißt bei uns nicht, der oder jener Partei angehören, sondern prüfen jede Handlung, ob sie nützt meinem ganzen Volke, Liebe zum ganzen Volke ausnahmslos. Aus dieser Auffassung werden wir begreifen, daß es notwendig ist, das Kostbarste, das ein Volk besitzt, die Summe all seiner tätig schaffenden Kräfte seiner Arbeiter, sei es der Faust oder der Stirn gesund zu erhalten an Leib und Seele. (Bravo!) Und diese Auffassung des Nationalen zwingt uns sofort, Front zu machen gegen die gegenteilige, die semitische Auffassung des Begriffes Volk und vor allem gegen die semitische Auffassung des Begriffes Arbeit.

Wenn wir diese soziale Reform durchführen wollen, muß Hand in Hand gehen der Kampf gegen den Gegner jeder sozialen Einrichtung: das Judentum. Auch hier wissen wir genau, daß die wissenschaftliche Erkenntnis bloß die Vorarbeit sein kann, daß aber hinter dieser Erkenntnis die Organisation kommen muß, die einst zur Tat übergeht, und die Tat bleibt uns unverrückbar fest, sie heißt: Entfernung der Juden aus unserem Volke (stürmischer, lange anhaltender Beifall und Händeklatschen!), nicht weil wir ihnen ihre Existenz nicht vergönnten, wir gratulieren einer ganzen übrigen Welt zu ihrem Besuche (große Heiterkeit), aber weil uns die Existenz des eigenen Volkes noch tausendmal höher steht als die einer fremden Rasse. (Bravo!) Und da sind wir überzeugt, daß dieser wissenschaftliche Antisemitismus, der klar erkennt die fürchterliche Gefahr dieser Rasse für jedes Volk, nur Führer sein kann, daß aber die breite Masse stets auch gefühlsmäßig empfinden wird, den Juden in erster Linie kennenlernt als den Mann im täglichen Leben, der immer und überall absticht – unsere Sorge muß es sein, das Instinktmäßige gegen das Judentum in unserem Volke zu wecken und aufzupeitschen und aufzuwiegeln.

Quellenangabe:
Vierteljahreshefte für Zeitgeschichte 4/1968

Ächtung und Entrechtung

> *»Der Nationalsozialismus hat erkannt: Der Jude ist kein Mensch. Er ist eine Fäulniserscheinung.«*
>
> Walter Buch, Oberster Parteirichter der NSDAP, 1938 in der Zeitschrift »Deutsche Justiz«

Von der Diskriminierung zur Entrechtung

Als Hindenburg am 30. Januar 1933 Adolf Hitler zum neuen Reichskanzler berufen hatte, wurden im Ausland besorgte Fragen laut, wie die neue Regierung, an deren Spitze jetzt ein erklärter Antisemit stand, sich zu den rund 500 000 deutschen Bürgern jüdischen Glaubens stellen würde. An vielen Orten, besonders in kleinen und mittleren Städten, war es zu Ausschreitungen von SA-Schlägertrupps gegen jüdische Geschäfte gekommen. Hitler selbst ließ sich in den Februartagen zur Judenfrage öffentlich überhaupt nicht vernehmen. Außenminister von Neurath, konservativer Politiker alter Schule, versicherte britischen Politikern, die Juden in Deutschland hätten nichts zu befürchten. Und Vizekanzler von Papen, ebenfalls Mitglied des konservativen Lagers, beteuerte in einem Zeitungsinterview, die Juden würden behandelt wie alle anderen Staatsbürger auch.

Noch hatten die Nazis ihre Macht nicht gefestigt. Selbst die Wahl vom 5. März war für Hitler nur bedingt erfolgreich. Noch war er auf die Zusammenarbeit mit den Konservativen und auf das Wohlwollen der bürgerlichen Parteien angewiesen. Offiziell konnte er deshalb die wilden Terroraktionen seiner militanten Bürgerkriegseinheiten, der SA und SS, nicht gutheißen. Trotzdem waren sie ein zweckdienliches Mittel, um die bald fälligen politischen Entscheidungen in der Judenfrage vorzubereiten.

In Preußen hatte der neue Innenminister Hermann Göring die SA

schon offiziell zur »Hilfspolizei« erhoben. Auch in anderen Ländern wie Sachsen und Baden spielten SA und SS in den Märztagen 1933 auf eigene Faust Polizei. Ihre Aktionen trugen oft den Stempel antisemitischer Kampagnen.
In Breslau besetzten die Truppen des berüchtigten SA-Chefs von Schlesien, Edmund Heines, am 12. März das Landgericht und unterbrachen Verhandlungen, in denen jüdische Richter, Staatsanwälte und Rechtsanwälte fungierten. Gleiche Aktionen gab es in Gleiwitz, Görlitz und anderen Städten. Die Nazipresse schilderte die Aktionen stets so: Eine »erregte Menschenmenge« sei in die Gerichtsverhandlungen geströmt, um »gegen das Übergewicht von Juden in der deutschen Rechtspflege zu demonstrieren«.
Bald spürte man die Lenkung der »spontanen Aktionen« durch die Partei. Lautstark forderte der »Bund national-sozialistischer deutscher Juristen«, die Gerichte und Anwaltskammern von »Angehörigen einer fremden Rasse zu säubern«. In vielen Fällen gaben die Gerichtspräsidenten dem Druck der Straße nach. Jüdische Richter wurden in weniger auffällige Zivilkammern versetzt oder aufgefordert, in Urlaub zu gehen. Ähnliche Druckmittel wurden gegen jüdische Ärzte in öffentlichen Krankenhäusern benutzt. Die eigenmächtigen Anordnungen regionaler Behörden schufen einen Schwebezustand, der die Nazis bald in die Lage setzte, aus dem illegalen De-facto-Zustand einen legalen zu machen.
Der wilde Terror der Februar- und Märztage tobte sich vielerorts auch direkt gegen einzelne Juden aus. Am 6. März wurden auf dem Berliner Kurfürstendamm Juden von Schlägertrupps der SA angepöbelt, verprügelt, aus Kaffeehäusern hinausgeworfen. In anderen Städten wurden jüdische Läden demoliert. Mädchen, die mit Juden befreundet waren, wurden gemeinsam mit ihren Freunden einem johlenden Mob »am Pranger« vorgeführt.
Noch legte die Parteispitze Wert darauf, die Duldung und Förderung solcher Ausschreitungen zu verschleiern oder abzuleugnen. Als in Braunschweig zwei jüdische Kaufhäuser demoliert wurden, machte der dortige SS-Führer Alpes »kommunistische Unruhestifter« verantwortlich. Dabei hatte Alpes selbst in Räuberzivil an den Aktionen teilgenommen.
Die Reaktion des Auslandes auf den Straßen- und Psychoterror gegen die jüdischen Bürger war lebhaft und für die Nazis peinlich

und ärgerlich. Dementis blieben erfolglos. In Amerika riefen jüdische Organisationen zu einem Boykott deutscher Waren auf. Von Geschäfts- und Urlaubsreisen nach Deutschland wurde abgeraten. Geschäftsleute und Touristen in Amerika, England und Frankreich machten ihre Buchungen rückgängig.

Jetzt trat die Parteileitung der NSDAP die Flucht nach vorn an. Die Empörung im Ausland wurde zur »infamen Greuelhetze gegen das deutsche Volk«. Ein Boykott jüdischer Geschäfte, jüdischer Waren, jüdischer Ärzte und Rechtsanwälte, beginnend am 1. April, sollte die Antwort sein. Mit der Organisation wurde der fanatische Antisemit Julius Streicher beauftragt, Herausgeber des Hetzblattes »Der Stürmer«. Am 1. April zogen vor jüdischen Geschäften, Arzt- und Anwaltspraxen uniformierte SA-Männer auf.

Offenbar hatten die radikalen Antisemiten in der NSDAP die Judenfeindschaft der Bevölkerung überschätzt. Der Erfolg des Boykotts war enttäuschend. Er wurde abgeblasen. In seinem Bericht schrieb der amerikanische Konsul in Leipzig: »Bei der Arbeiterschaft und dem gebildeten Teil des Bürgertums war der Boykott unpopulär.«

Es ist zweifellos wahr, daß die deutsche Bevölkerung eine gefühlsmäßige Abneigung gegen gewalttätige Aktionen und gegen die Hemmungslosigkeit einer antisemitischen Hetze à la Streicher und Goebbels hatte. Als aber die Staatsführung Anfang April die *gesetzliche* »Zurückdrängung des jüdischen Einflusses im deutschen Leben« proklamierte, da wurden solche Maßnahmen nicht nur in Kauf genommen, sondern für »durchaus tragbar« gehalten. Auch den gebildeten Vertretern des deutschen Bürgertums kam es nicht in den Sinn, daß jedes »Ausnahmegesetz« das wichtigste Element des Rechtsstaates untergräbt: Das Prinzip der Gleichheit vor dem Gesetz.

In der nächsten Phase der deutschen Judenpolitik wurde der Terror der Straße vom Terror der Bürokratie abgelöst. Vom Terror der Gesetze und Verordnungen. Hand in Hand ging die ständig wachsende moralische Diffamierung der Juden im Deutschen Reich. Aber nirgends kam es zu offenem Einspruch gegen die ungerechten und entwürdigenden Maßnahmen. Das Rad der Geschichte wurde zurückgedreht, alle Errungenschaften der

Judenemanzipation innerhalb weniger Wochen rückgängig gemacht. Solange sich dies »im Rahmen ordentlicher Gesetze« abspielte, war der deutsche Bürger beruhigt. Immerhin hatten ja, wie Kardinal Dr. Frings, Erzbischof von Köln, noch nach dem Zweiten Weltkrieg »entschuldigend« formulierte, die Juden »vor Hitlers Machtantritt viel zu großen wirtschaftlichen, politischen und kulturellen Einfluß in Deutschland«.

Ächtung durch Reichsgesetzblatt

Am 7. April 1933 verkündete die Reichsregierung ein Gesetz, das einen sehr harmlosen Titel trug: *Gesetz zur Wiederherstellung des Berufsbeamtentums.* Beamte »nichtarischer Abstammung« wurden in den Ruhestand versetzt, zunächst noch unter Beachtung ihres Pensionsanspruches. Aber noch lebte der alte Reichspräsident von Hindenburg. Auf seinen Einspruch hin mußte eine »Milderungsklausel« eingeführt werden. »Nichtarier«, die bereits am 1. August 1914 Beamte gewesen waren, die im Weltkrieg an der Front gekämpft oder deren Väter oder Söhne im Krieg gefallen waren, sollten vorläufig ausgenommen sein. Zu den Beamten, die nach diesem Gesetz ihre Ämter aufgeben mußten, gehörten auch 2000 jüdische Wissenschaftler und Hochschullehrer, unter ihnen weltberühmte Gelehrte.
Eine Flut von weiteren Gesetzen und »Durchführungsverordnungen« schloß sich an.

- 22. April: Juden dürfen keine Kassenärzte mehr sein
- 25. April: Für jüdische Studenten wird ein Numerus clausus eingeführt
- 28. April: Juden dürfen nicht mehr Gerichtsassessoren werden
- 4. Mai: Jüdische Honorarprofessoren, Privatdozenten und Notare müssen ihre Tätigkeit einstellen. Jüdischen Angestellten und Arbeitern des öffentlichen Dienstes wird gekündigt.
- 6. Mai: Jüdische Steuerberater werden nicht mehr zugelassen
- Und, zwei Jahre später, am 21. Mai 1935: In der Wehrmacht darf kein Jude als Vorgesetzter dienen.

Noch am 23. März 1935 hatte Dr. Löwenstein, Hauptmann der

Reserve und Präsident des Reichsbundes jüdischer Frontsoldaten e. V., die Wiedereinführung der allgemeinen Wehrpflicht begeistert begrüßt. Und er hatte stolz darauf hingewiesen, daß im Weltkrieg 100 000 deutsche Juden, darunter 2000 Offiziere, an der Front gestanden und 12 000 von ihnen »auf dem Felde der Ehre« gefallen waren.

Gerade in der jüdischen Beamtenschaft, bei den Ärzten, Anwälten und Offizieren gab es die meisten konservativen, patriotisch gesinnten deutschen Juden. Den Antisemitismus der Nazis hatten sie nie gegen sich gerichtet empfunden, viele hatten ihn sogar geteilt. Sie hatten gemeint, die ordinäre Judenfeindschaft der Nazis richte sich nicht gegen sie, sondern nur gegen die »landfremden Einwanderer« aus Polen und Litauen, denen auch sie ablehnend gegenüberstanden. Es gab sogar »deutschnationale« Juden, die die antijüdischen Gesetze für notwendig hielten. Sie waren lediglich bestürzt darüber, daß diese Gesetze sich auch gegen sie richteten.

Sehr bald wurden Juden per Gesetzesverordnung auch aus dem kulturellen Leben Deutschlands ausgeschlossen. Im September 1933 hatte Josef Goebbels die »Reichskulturkammer« gegründet. Jeder Deutsche, der sich öffentlich als Schriftsteller, Musiker, Maler, Bildhauer, Schauspieler oder Regisseur betätigen wollte, mußte ihr angehören. Doch Juden war die Aufnahme verwehrt. Sie wurden auf eigene kulturelle und künstlerische Vereinigungen verwiesen. Am 6. August 1935 etablierte sich ein »Reichsverband jüdischer Kulturbünde«, der vom Reichspropagandaministerium überwacht und zensiert wurde. Die »Apartheid« auch auf kulturellem Gebiet war erreicht.

Seit Oktober 1933 durfte kein Jude oder mit einer Jüdin verheirateter »Arier« mehr Redakteur oder ständiger Mitarbeiter von Zeitungen und Zeitschriften sein. Das sogenannte »Schriftleitergesetz« machte Tausende jüdischer Journalisten arbeitslos. Nur ein paar mutige Chefredakteure beschäftigten ihre gefeuerten Kollegen weiterhin mit Aufträgen, zumal deren Begabung und Können ihnen unentbehrlich war.

Die Clubs und Organisationen des deutschen Sports mußten ihre jüdischen Mitglieder ausschließen. Juden durften sich zwar in eigenen Clubs zusammentun, hatten aber oft Schwierigkeiten, wenn sie keine eigenen Sportstätten besaßen. Viele deutsche Gemeinden verweigerten den jüdischen Clubs eigenmächtig den Zutritt zu kommunalen Sportplätzen und Schwimmbädern.

Diese menschliche Ächtung, die weit über die gesetzlich vorgeschriebenen Maßnahmen hinausging, war damals für die Betroffenen wohl die schwerste Belastung. Die Hetze der NS-Presse, allen voran der »Stürmer«, stempelte die Juden zu Aussätzigen. Alle menschlichen Beziehungen zwischen Juden und anderen Bürgern sollten bewußt zerstört werden. Kurverwaltungen stellten jetzt, auf Betreiben lokaler Parteibonzen, Schilder auf: »Juden sind hier unerwünscht!« In Badeanstalten gab es absichtlich beleidigende Tafeln: »Hunden und Juden ist der Zutritt verboten!«

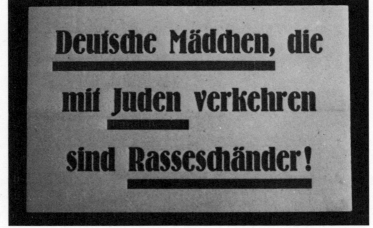

Schon vor den »Nürnberger Gesetzen«, die Rassenschande und den Verkehr zwischen Juden und Deutschen zum Verbrechen erklärten, gab es entsprechende NS-Hetzaufkleber.

Der Bürgermeister von Lörrach in Baden (in der Revolution von 1848 ein Zentrum der demokratischen Volkserhebung) schickte an alle »Beamten, Angestellten und Arbeiter der Stadt« eine Anweisung, in der er den »Abbruch jedes privaten menschlichen Verkehrs« mit Juden zur »moralischen und völkischen Pflicht« erklärte. Den Empfang der Anweisung ließ er sich sogar durch Unterschrift bestätigen. In Ostpreußen drohte die »Deutsche

Arbeitsfront« Arbeitern und Angestellten, die bei Juden kauften, mit dem Verlust der Arbeitsplätze. Übereifrige Personalabteilungen von Firmen feuerten Angestellte, deren Ehefrauen beim Einkauf in jüdischen Läden gesehen worden waren.
Zwei Jahre nach der Machtergreifung durch die Nazis war die öffentliche Diskriminierung und menschliche Ächtung der deutschen Juden zu einer gewohnten Erscheinung des deutschen Alltags geworden. Menschliche Beziehungen, langjährige Freundschaften zerbrachen, nicht nur aus Furcht, auch aus Gleichgültigkeit und Opportunismus

Die »Nürnberger Gesetze«

Im Frühjahr und Sommer 1935 kam es zu einer neuen Welle antijüdischer Hetze in der NS-Presse. Die Schilder »Juden unerwünscht!« fanden sich nun auch an den Eingängen vieler Restaurants, Cafés und Geschäfte. Gemeindebehörden verboten jüdischen Händlern den Zutritt zu Wochenmärkten und Messen, Zeitungen weigerten sich, Anzeigen von Juden aufzunehmen. Juden stießen auf Schwierigkeiten und Schikanen, wenn sie eine Wohnung suchten, einen Führerschein beantragen, ein Auto zugelassen haben wollten. Die Rechtsunsicherheit wurde immer größer, weil untergeordnete Behörden, die vielfach von Parteimitgliedern besetzt waren, ihre eigenen radikalen »Judengesetze« machten. Deshalb waren, so widersinnig es klingen mag, viele Juden erleichtert, als Adolf Hitler anläßlich des Reichsparteitages in Nürnberg am 15. September 1935 die infamen »Nürnberger Gesetze« verkündete. Sie sahen in den Gesetzen den Vorteil klarer Regelungen gegenüber der bisherigen Unsicherheit. Sie hofften, die Gesetze würden nun endlich der Hetze und Willkür ein Ende bereiten.

Offiziell trugen die Gesetze folgende Namen: »Reichsbürgergesetz« und »Gesetz zum Schutze des deutschen Blutes und der deutschen Ehre (Blutschutzgesetz)«.
Das erste Gesetz führte neben der Staatsangehörigkeit den Begriff der »Reichsbürgerschaft« ein. Nur der »Reichsbürger« sollte volle politische Rechte besitzen. Und nur »Arier« sollten Reichsbürger sein. Jetzt wurden auch die jüdischen Kriegsteilnehmer aus der Beamtenschaft entfernt.

Das sogenannte »Blutschutzgesetz« verbot nicht nur die Eheschließung, sondern auch den außerehelichen Geschlechtsverkehr zwischen Juden und Personen »deutscher oder artverwandten Blutes«. Sexuelle Beziehungen wurden als »Rassenschande« unter Strafe gestellt. Auch absichtlich demütigende Passagen fehlten nicht. So durften Juden kein weibliches Hauspersonal »deutschen oder artverwandten Blutes« unter 45 Jahren beschäftigen. Die schwülen, sexuell fixierten Vorstellungen der Antisemiten vom »lüsternen Juden«, der sein »arisches Dienstmädchen mißbraucht«, hatten aus den Spalten von Streichers pornografischem »Stürmer« jetzt sogar Eingang in ein Reichsgesetz gefunden.

Als »Volljude« galt jeder, der drei oder mehr jüdische Großeltern hatte. Dabei spielte es keine Rolle, ob er jüdischen Glaubens war. Selbst wenn schon die Großeltern zum Christentum übergetreten, die Eltern und er selbst christlich erzogen waren, galt er als Jude. Jude war auch, wer zwei jüdische Großeltern hatte und sich zum jüdischen Glauben bekannte oder wer als »Halbjude« mit einem Juden oder einer Jüdin verheiratet war.

Deutsche, die zwei jüdische Großeltern hatten und nichtjüdischen Glaubens waren, galten als »Mischlinge ersten Grades«. Beamtenrechtlich und in vielen anderen Beziehungen waren sie »Volljuden« gleichgestellt. In Zweifelsfällen sollten die Behörden entscheiden, und deren Entscheidung lag meist schon vor dem Antrag fest.

»Mischlinge zweiten Grades« (mit einem jüdischen Großelternteil), die keine Glaubensjuden waren, sollten den »Ariern« offiziell gleichgestellt sein. Auf lokaler Ebene, besonders in Kleinstädten, hatten aber auch sie unter Benachteiligungen und Schikanen zu leiden, wurden als »Judenbastarde« beschimpft.

Auch die nichtnazistische Ministerialbürokratie fand, daß die Gesetze den chaotischen Zuständen nun endlich ein Ende bereiten würden. Hatte nicht Hitler selber in Nürnberg gesagt: »Diese Gesetze sollen geadelt werden durch die unerhörteste Disziplin des ganzen deutschen Volkes.« Und im Reichsinnenministerium machte sich ein junger Referent an die »positive Kommentierung«, um, wie er später sagte, »Schlimmeres zu verhüten«. Berühmt sollte er erst später werden, als persönlicher Referent des Bundeskanzlers Adenauer. Sein Name: Dr. Hans Globke.

Für kurze Zeit trat tatsächlich eine relative Ruhe ein. Der Grund war außenpolitischer Natur. Seit Monaten forderte die ausländische Presse eine Verlegung der 1936 bevorstehenden Olympischen Spiele von Berlin in eine andere Hauptstadt der Welt, weil die Teilnahme jüdischer deutscher Sportler nicht gewährleistet sei. Doch Hitler wollte, daß die Olympiade unter allen Umständen in Berlin stattfand. Eine Kommission des IOC unter Führung des Vizepräsidenten Avery Brundage fuhr nach Berlin. Reichssportführer von Tschammer und Osten versicherte, jüdische Sportler würden an den Spielen teilnehmen. Brundage war mit der Erklärung zufrieden. Als der jüdische Sportler Robert Atalasz ihm gegenüber klagte, jüdische Sportler seien benachteiligt, weil sie nicht in deutschen Vereinen trainieren könnten, meinte der Amerikaner trocken: »In meinem Club in Chikago werden auch keine Juden zugelassen.«

In den Wochen vor Beginn der Spiele sorgte die Gestapo auf Befehl von Heydrich dafür, daß alle diskriminierenden Verbotstafeln in Gaststätten, Geschäften und Erholungsstätten, alle Aushangkästen des »Stürmer«, jede antisemitische Hetze aus den Zeitungen verschwand. Der »Stürmer« wurde sogar für kurze Zeit wegen »unzüchtiger Berichterstattung« verboten. Nach Hitlers Wünschen sollte Deutschland sich den Tausenden von ausländischen Besuchern als zivilisierte Nation zeigen, in der Juden und Nichtjuden friedlich miteinander leben. Am Tag der Eröffnung der Spiele marschierten die jüdischen Sportler in der deutschen Mannschaft, den rechen Arm zum römischen Gruß gereckt, an Hitler und der Parteiprominenz vorbei und errangen in den Tagen darauf Medaillen für Deutschland. Viele glaubten und hofften, das kosmetische »face lifting«, das die Nazis sich gegeben hatten, würde für die deutschen Juden von Dauer sein. Tausende von Juden, die schon 1933 emigriert waren, kehrten sogar nach Deutschland zurück, als sie von der neuen Entwicklung hörten.

Die Enttäuschung war bitter. Sobald die Olympiade vorbei war, sobald die Ausländer abgereist waren, setzte die Ächtung und Entrechtung wieder massiv ein. Überall tauchten die diskriminierenden Verbotsschilder wieder auf. Überall war der »Stürmer« wieder zu lesen. In den zwei Jahren nach der Olympiade ergoß sich ein Schwall neuer Anordnungen und Verbote über die deutschen

Juden. Hier eine nur unvollständige Auswahl:
Juden durften nicht mehr sein: Wirtschaftsprüfer, Bücherrevisoren, Gastwirte, Lehrer für nichtjüdische Kinder an Privatschulen (aus dem öffentlichen Schulwesen waren sie ohnehin schon entfernt), Sachverständige an Handelskammern, Apotheker, Vermessungsingenieure, Versteigerer, Viehhändler, Trauzeugen bei »arischen« Eheschließungen, Universitäts-Gasthörer, Patentanwälte, Bademeister, Krankenpfleger, Hebammen, Fahrlehrer. Juden durften nicht: Jagdscheine erwerben, die Doktorwürde erlangen, Kinder adoptieren, Vormundschaften übernehmen, Steuerermäßigungen beantragen, Mietbeihilfen beziehen, Kindergeld beziehen, an der Börse tätig sein, Archive zu Forschungszwecken benutzen.

Am 30. September 1938 erlosch die Approbation aller jüdischer Ärzte, in Österreich drei Monte später. Sie durften nach »widerruflicher« Genehmigung durch das Innenministerium nur noch jüdische Patienten behandeln, und zwar nicht unter der Bezeichnung »Arzt«, sondern »Krankenbehandler«. Die gleiche Regelung betraf jüdische Rechtsanwälte. Unter der Bezeichnung »Konsulenten« durften sie lediglich für jüdische Klienten tätig sein, ohne die einem Anwalt zustehenden Privilegien.
Nach einer Verordnung vom 17. August 1938 mußten Juden sich eine besondere Kennkarte ausstellen lassen und stets bei sich tragen. Die gleiche Verordnung zwang sie, ihren Vornamen die Namen »Israel« beziehungsweise »Sara« hinzuzufügen.
Und der Chef der Sicherheitspolizei, Reinhard Heydrich, vereinbarte mit dem Reichsjustizministerium, daß Juden, die mit »Ariern Rassenschande getrieben hatten«, nach Abschluß des Gerichtsverfahrens in »Schutzhaft« zu nehmen (sprich ins Konzentrationslager zu bringen) seien.
Nach dem »Anschluß« Österreichs ergoß sich ein Strom mitteloser jüdischer Flüchtlinge in die Schweiz. Die eidgenössischen Behörden, wohlhabenden Emigranten und Steuerflüchtlingen gegenüber immer sehr aufgeschlossen, versperrten den ärmeren Juden die Grenzen. »Sie wollen essen, nehmen uns die Arbeitsplätze weg, überfremden unser Land«, klagte Eduard von Steiger, Chef der eidgenössischen Justiz. Dr. Heinrich Rothmund, Chef der schweizerischen Fremdenpolizei, verlangte von der deutschen

Überall im besetzten Europa fanden während des Krieges Judenrazzien und -deportationen statt, wie hier in Amsterdam 1942, wo holländische Juden zur Sammelstelle gescheucht werden, zwecks »Umsiedlung«.

SS-Obersturmbannführer Erich Dorf, Heydrichs rechte Hand und unentbehrlicher Ideenlieferant, hat von seinem Chef den Auftrag bekommen, das Vernichtungswerk der Einsatzgruppen im Osten zu beauf-

sichtigen. »Vor Ort« kritisiert er das rüde Handwerk der Henker; ihm sind die Massenerschießungen zu brutal, strapaziös und aufwendig, er wird diskretere Methoden, mit Gas, erproben. – Szene aus »Holocaust«.

Den Juden in Polen, den baltischen Staaten und der Sowjetunion brachte der Vormarsch deutscher Truppen Elend und Tod: Sie wurden in Ghettos gepfercht, zur Umsiedlung gezwungen und massenhaft vernichtet.

Regierung, die Reisepässe aller Juden mit einem »J« zu stempeln. Die Deutschen kamen dem Wunsch nach. Das »J« im Paß war der Vorläufer des »Judensterns«. Erfinder war diesmal nicht ein deutscher Antisemit, sondern ein Schweizer Polizeichef, der die bisherige Offenheit der Schweiz für Flüchtlinge »das Resultat einer falsch verstandenen liberalen Weltanschauung« nannte und erst 1954 »unter Verdankung für geleistete Dienste« in den ehrenvollen Ruhestand trat.

Die deutsche Wirtschaft wird »judenrein«

Viele Darstellungen über die NS-Zeit behaupten, in der deutschen Wirtschaft sei die Stellung der Juden bis Ende 1938 so gut wie unangetastet geblieben.
Davon kann überhaupt keine Rede sein. Schon die allgemeine Hetze, die wilden Aktionen, die illegalen Anordnungen örtlicher Parteiführer, der Anzeigenboykott, die Bedrohungen von Kunden und anderes mehr wirkten sich lähmend auf das Geschäftsleben der Juden aus. Firmen und Geschäfte, besonders in der Provinz, meldeten schon in den ersten Jahren der NS-Herrschaft Konkurs an. Viele Juden mußten ihre unrentablen Geschäfte aufgeben oder weit unter Wert verkaufen. Für ihre Waren konnten die Juden wegen des Inseratenboykotts in der Presse, bei der Kino- und Plakatreklame kaum noch werben. Ihre nichtjüdischen Kunden wurden offen angeprangert und bedroht. In kleinen Orten gab es »Schand-Schaukästen« mit den Namen von Bürgern, die bei Juden kauften. Ein Nazifunktionär in Würzburg drohte in der Lokalpresse »judenhörigen Hausfrauen« mit »Umerziehung in einem Schutzhaftlager«.
Drastisch und mit Erfolg gelang es den mittelständischen und landwirtschaftlichen Verbänden der Nazis, die jüdische Konkurrenz auszuschalten. Die »Ortsbauernführer« der Partei bedrohten Bauern, die ihre Geschäftsbeziehungen zu jüdischen Händlern nicht aufgeben wollten.
Die offizielle Regierungshaltung lautete: Juden sollen sich in der Wirtschaft ungehindert betätigen dürfen. Noch mochte man auf das geschäftliche Potential der Juden, auf ihre

Verbindungen im internationalen Waren- und Kapitalgeschäft, nicht verzichten. Deshalb blieben Großfirmen, Banken und Exportgeschäfte zunächst viel weniger gestört als kleine Geschäftsleute und Ladenbesitzer. Diese waren zum Beispiel dem Terror wieder hilflos ausgeliefert, als Julius Streicher zum Weihnachtsgeschäft 1937 einen großangelegten neuen Judenboykott inszenierte. Kein Polizist griff ein, als es zu Tätlichkeiten gegen Kunden, Angestellte und Lieferanten kam, als Läden demoliert, Waren auf die Straße geworfen wurden. Nutznießer des Boykotts waren die nichtjüdischen Einzelhändler. Als Dank überreichten die Nürnberger Geschäftsleute ihrem korrupten Gauleiter eine ansehnliche Geldspende.
Ende 1937 ging die »Schonfrist« auch für die jüdischen Firmen und Banken zu Ende. Hjalmar Schacht, der die Wirtschaftspolitik noch relativ frei von radikalen Einflüssen gehalten hatte, wurde als Wirtschaftsminister abgelöst. Seine Aufgaben übernahm zunächst Hermann Göring als Bevollmächtigter für den Vierjahresplan, dann der schwache Walter Funk als Marionette Görings. Die Aufrüstung war in vollem Gange. Devisen waren knapp. Begehrlich sah Göring auf das noch in jüdischen Händen befindliche Wirtschaftspotential und Kapital, das er für seine Pläne vereinnahmen wollte. »Die Juden müssen jetzt aus der Wirtschaft raus!« sagte er in einer Sitzung des Ministeriums.
Im Januar 1938 wurden jüdischen Fimen die Rohstoffkontingente drastisch gekürzt. Allen Behörden befahl Göring, öffentliche Aufträge an jüdische Firmen nur noch in Ausnahmefällen zu erteilen. Ausnahmen wären von ihm persönlich zu genehmigen.
Mit aktiver Unterstützung von Reichs- und Parteibehörden bemühten sich deutsche Großunternehmen wie der Flick-Konzern, jüdische Firmen zu erwerben. Die große Welle der »Arisierungen« begann. Noch hielt man am Prinzip des »freiwilligen« Verkaufs fest, obgleich in der Praxis mit Erpressungsmethoden gearbeitet wurde.
Ermuntert und gefördert von der Partei und von den Aussichten auf günstige Geschäfte schwammen immer mehr kleine und mittlere Geschäftsleute auf der Arisierungswelle mit. Hatten sie nicht genügend Kapital, sprangen bedeutende Kreditinstitute wie die Deutsche Bank und die Dresdner Bank bereitwillig ein.

Viele deutsche Unternehmer, die jüdische Firmen erfolgreich »arisiert« hatten, wollten auf das »know how« der hinausgedrängten Juden nicht verzichten und boten ihnen Posten als Geschäftsführer und leitende Angestellte an. Doch diese Versuche waren von kurzer Dauer. Die lokalen Parteibonzen protestierten gegen dieses verschleierte Unterlaufen der »Entjudung«. Auch »arische« Großunternehmen, wie IG-Farben, AEG, Siemens und Krupp entließen jetzt auf Druck der Partei ihre jüdischen Direktoren und leitenden Angestellten, teilweise wenigstens noch mit einigermaßen fairen Abfindungen.

Im April 1938 wurde immer offenbarer, daß höchste Stellen die »Arisierungsbemühungen« förderten. Alle Grundsteuervergünstigungen wurden Juden entzogen, um sie zu zwingen, ihren Grundbesitz zu verkaufen.

Um ihre wirtschaftliche Existenz zu retten, versuchten manche Juden, ihre Geschäfte zum Schein an »arische« Verwandte, Angestellte oder Freunde zu verkaufen. Die »Verordnung gegen die Unterstützung der Tarnung jüdischer Gewerbebetriebe« machte auch diese Möglichkeit zunichte. Sogenannte Scheinverkäufe wurden mit Zuchthaus bedroht.

Ende April kam die massivste Verordnung gegen das jüdische Wirtschaftsleben: Jeder Jude (auch sein nichtjüdischer Ehegatte) mußte sein gesamtes in- und ausländisches Vermögen anmelden. Dazu gehörten auch Schmuck- und Kunstgegenstände, Firmenwerte, Patente und Urheberrechte, sogar Renten- und Versorgungsansprüche. Die Absicht der Verordnung war in Paragraph 7 klar ausgedrückt: »Der Beauftragte für den Vierjahresplan kann die Maßnahmen treffen, die notwendig sind, um den Einsatz des anmeldepflichtigen Vermögens im Einklang mit den Belangen der deutschen Wirtschaft sicherzustellen.«

Von nun an durften Juden über ihr Eigentum nur noch mit Genehmigung der Regierung verfügen. Der Weg zur Auspowerung der in Deutschland verbliebenen Juden war frei.

Bei Arisierungen mußten seit April 1938 die Gauleitungen der Partei konsultiert werden. Die Absicht läßt sich in einem Memorandum erkennen, das der Stellvertreter des Führers, Rudolf Heß, den Gauleitern sandte: »Ich weise besonders darauf hin, daß die Überführung jüdischer Betriebe in deutsche Hände der Partei die

Möglichkeit gibt, Volksgenossen, die politisch und fachlich geeignet sind, zu einer selbständigen Existenz zu verhelfen, auch wenn sie finanziell nicht über die entsprechenden Mittel verfügen. Die Partei soll auch dafür sorgen, daß der Jude keinen unangemessen hohen Kaufpreis erhält. Auf diese Weise wird das Judentum einen Teil der Schäden wieder gutmachen, die es dem deutschen Volk zugefügt hat.«
Die Einschaltung der Partei in die »Arisierungen« ließ die Korruption blühen, nicht nur in Deutschland, sondern auch im gerade »heimgekehrten« Österreich. Parteifunktionäre, die Käufer protegierten und Geschäfte vermittelten, verdienten sich goldene Nasen mit privaten Provisionen. Das Treiben erreichte solche Ausmaße, daß der Reichsschatzmeister der NSDAP hochoffiziell darauf hinweisen mußte, die Partei und ihre Funktionäre dürften keine »Spenden, Schenkungen, Stiftungen und andere Zuwendungen« annehmen.
Besonders in Österreich wurden Vermögen in einer Weise verschleudert, daß Göring energisch Einspruch erhob. Hier wurden fast alle »arisierten« Betriebe Parteigenossen zugeschoben, auch wenn sie fachlich überhaupt nicht geeignet waren. Die hemmungslose Korruption brachte der Wirtschaft Milliardenverluste.
Am 20. Juni 1938 wurden Juden nunmehr durch Gesetzverordnung vom Besuch deutscher Börsen und Großmärkte ausgeschlossen. Und der 6. Juli brachte die einschneidendsten Berufsverbote: Juden durften sich nicht mehr betätigen als: Hausierer, Schausteller, Vertreter, Aufkäufer, Straßenhändler, Privatdetektive, Heiratsvermittler, Fremdenführer, Grundstücks-, Immobilien- und Darlehensmakler, Haus- und Grundstücksverwalter. Nach dieser Verordnung gab es für sie in der Wirtschaft kaum noch ein Betätigungsfeld.
Keine der Maßnahmen war geheim. Jeder Deutsche erfuhr davon, durch Presse oder Radio, und konnte die Auswirkungen miterleben. Auch ihre Absichten hielten die Nazis nicht im verborgenen. Am 20. August 1938 konnte man in der »Rhein-Mainischen Wirtschaftszeitung« lesen: »Das Ausscheiden der Juden aus der deutschen Wirtschaft ist eine politische Forderung, die in absehbarer Zeit ihre restlose Erfüllung finden wird.«
Von der Vermögensanmeldung im April 1938 bis zur »Kristall-

nacht« im November wurden im »Altreich« (ohne Österreich) schätzungsweise 4000 jüdische Firmen und Geschäfte »arisiert.« Hinzu kamen 22 Banken, darunter so altetablierte und weltweit renommierte Häuser wie Bleichröder, Warburg und Wassermann.
Schon lange vor der »Kristallnacht«, dem Höhepunkt der Judenverfolgung vor dem Krieg, standen die meisten der in Deutschland verbliebenen Juden nicht mehr im Erwerbsleben. Sie waren arbeitslos geworden, lebten entweder prekär von der zusammengeschmolzenen Substanz oder waren bereits verelendet und auf Zuschüsse der jüdischen Wohlfahrtsvereine angewiesen. Das Volk, dem die Juden Nobelpreisträger wie Paul Ehrlich, Fritz Haber, Albert Einstein oder Gustav Hertz, Ärzte wie Karl Landsteiner und Otto Heinrich Warburg, Schriftsteller wie Hermann Broch, Else Lasker-Schüler, Joseph Roth und Felix Salten, Musiker wie Gustav Mahler und Arnold Schönberg gegeben hatten, hatte sie ausgestoßen, geächtet, an den Rand der bürgerlichen Existenz gedrängt, von den meisten verhöhnt und geschmäht, von wenigen – insgeheim – bemitleidet.

Exodus

Trotz physischem und psychischem Terror, trotz Ächtung und Unterdrückung, trotz einem Trommelfeuer von Kränkungen und Belästigungen hatte bis Ende 1938 erst ein Drittel der jüdischen Bevölkerung jenes Land verlassen, in dem ihre Vorfahren jahrhundertelang gelebt hatten. Zwei Drittel waren geblieben. Viele davon hatten sich die Ansicht der »CV-Zeitung«, des Organs des »Centralvereins deutscher Staatsbürger jüdischen Glaubens e. V.« zu eigen gemacht, die anläßlich des Judenboykotts 1933 geschrieben hatte: »Mit Mut und Würde werden wir die mitleidlosen Maßnahmen Deutscher gegen Deutsche auf eigener Heimaterde zu ertragen wissen.«
Bei den Auswanderern der »ersten Welle« seit 1933 handelte es sich meist um junge oder einigermaßen wohlhabende Juden. Älteren Juden war die Auswanderung häufig unmöglich, sofern ihre Kinder ihnen nicht vorher eine Existenzmöglichkeit im Ausland geschaffen hatten. Minderbemittelte Juden mußten entweder von

reichen Glaubensgenossen mitfinanziert werden oder Berufe haben, die im Land ihrer Wahl als »Mangelberufe« galten. Die meisten Chancen hatten Landwirte, Handwerker und Techniker, die geringsten Akademiker und Kaufleute.
Auch wohlhabende Juden verloren bei der Auswanderung den größten Teil ihres Vermögens. Zunächst mußten die Reisekosten bezahlt werden, bei der Auswanderung nach Übersee besonders hoch. Betriebe, Häuser, Grundstücke, Mobiliar mußten oft zu Schleuderpreisen abgegeben werden. Hypotheken konnten oft nicht realisiert, Außenstände nicht eingezogen werden. Hatte der Auswanderer seinen Besitz endlich zu Geld gemacht, mußte er davon 25 Prozent als »Fluchtsteuer« an das Deutsche Reich bezahlen. Was übrig war, kam auf ein Sperrkonto und konnte nur teilweise transferiert werden. Selbst wenn ausländische Freunde die Sperrmark mit harten Devisen aufkauften, kassierte das Deutsche Reich ein sogenanntes »Disagio«, das bis zu 70 Prozent betragen konnte. Viele Juden konnten nur ganze 6 Prozent ihres Vermögens transferieren. Kurz nach ihrem Eintreffen im Gastland waren sie mittellos; Fleiß und Sparsamkeit vieler Jahre waren umsonst gewesen.
Ausländische Politiker, die deutsche Regierungsvertreter auf das Unmoralische solcher Vermögensräubereien hinwiesen, erhielten zur Antwort, die Juden hätten ihre Vermögen nur durch Betrug und Ausbeutung ihres deutschen »Gastvolkes« erworben. Es wäre nur recht und billig, daß sie ihren »erschlichenen Reichtum« in Deutschland ließen. Niemand sprach von den Milliardenbeträgen, die seit über hundert Jahren gerade von den reichen philantropisch gesinnten Mitgliedern der deutschen Judenschaft in Stiftungen, Krankenhäuser, Forschungseinrichtungen, Wohlfahrtsorganisationen, Stipendien und Forschungsprojekte geflossen waren. Kein Regierungsvertreter, geschweige denn ein Parteifunktionär erinnerte sich, daß Juden Tausenden deutscher Studenten die Ausbildung finanziert hatten, und zwar ohne Ansehen der Konfession und in einer beispielhaften Großzügigkeit. Niemand erinnerte sich daran, daß die meisten der großen Mäzene, die Künstler und Forscher gefördert hatten, Juden gewesen waren. Daß Juden aus ihrem angeborenen und anerzogenen Respekt vor Wissenschaft, Kunst und Bildung in allen Ländern und ganz besonders in

Deutschland finanziell mehr für die Kultur getan hatten als Nichtjuden. Selbst als Goebbels die Juden aus dem öffentlichen Kulturleben des Landes verdrängt hatte, vermerkte er einmal mit Erstaunen und Neid, daß eine Iphigenie-Aufführung des Jüdischen Kulturbundes unter primitiven äußeren Umständen ein künstlerisch höheres Niveau hatte als die Inszenierung einer »arischen« Berliner Bühne und wollte den Juden künftig die Aufführung »deutscher« Stücke verbieten.

Juden galten als Ausbeuter. Für Deutschland war es nach Ansicht der Nazis richtig, sie nicht nur hinauszuwerfen, sondern sich gleichzeitig an ihrem Vermögen entschädigungslos zu bereichern.

Abgesehen von finanziellen Schwierigkeiten, Alter und ungeeigneter Berufsausbildung gab es noch einen anderen Grund, warum so viele Juden sich anfangs nicht zur Auswanderung entschließen konnten. Die meisten deutschen Juden waren sogenannte »Assimilationsjuden«. Sie fühlten sich in erster Linie als Deutsche, erst in zweiter als Juden. Für sie war Deutschland die angestammte Heimat. Sie identifizierten sich mit der deutschen Sprache, mit der deutschen Kultur. Ihnen war es nicht nur bitter, sondern auch unverständlich, daß sie ihre Heimat aufgeben sollten. Sie hofften, der radikal-antisemitische Spuk der Nazis würde sich eines Tages wieder verflüchtigen, das deutsche Volk zu Menschlichkeit und Vernunft zurückkehren.

Und – die meisten deutschen Juden waren keine Zionisten. Hier lag der Grund, warum es seit 1934 in Deutschland zu einer der merkwürdigsten Allianzen der Geschichte kam: einem »Bündnis« zwischen Zionisten und der SS.

Den deutschen Zionisten, die schon seit Ende des 19. Jahrhunderts die Gründung einer neuen jüdischen Heimstatt in Palästina propagierten, war der Einbruch des Nationalsozialismus in Deutschland zunächst gar nicht als Katastrophe erschienen. Sie sahen in ihm vielmehr eine einmalige Chance, das traditionell deutschbewußte Denken der hiesigen Juden umzulenken, hin zu einem *jüdischen* Nationalgefühl. In dem Sieg des Antisemitismus in Deutschland sahen sie zugleich die Niederlage der Assimilation, dem Haupthindernis auf dem Weg zum Zionismus.

Im neugeschaffenen Reichssicherheitshauptamt der SS gab es ein paar Leute, die zwar Antisemiten waren, sich in ihrer kalten

Rationalität aber kraß von dem ordinären, emotionalen Antisemitismus eines Streicher oder Goebbels unterschieden. Einer dieser innerhalb der Nazipartei »unorthodoxen« Planer hieß Leopold von Mildenstein, der andere Herbert Hagen. Nicht als selbständiger Denker, aber als zuverlässiger Apparatschik stieß später ein weiterer SS-Mann dazu: Adolf Eichmann.
Mildensteins Grundidee war diese: Wenn es das Ziel war, Deutschland »judenfrei« zu machen, müsse man die Auswanderung aller Juden mit allen Mitteln fördern und erleichtern. Warum sich dabei nicht der Zionisten bedienen? Bis 1938 bot Palästina praktisch noch unbeschränkte Chancen für eine Einwanderung. Natürlich waren die Zionisten vor allem an jungen belastbaren Einwanderern interessiert, die entweder Landwirte oder Handwerker waren. Anfang der dreißiger Jahre hatten zionistische Organisationen in Deutschland mehrere Landgüter gekauft, wo junge Freiwillige in Umschulungskursen auf das Leben in den Kibbuzim Palästinas vorbereitet wurden. Seit 1934 unterstützte Heydrichs SD-Amt diese Einrichtungen mehr oder weniger offen. Zionistische Vorträge und Artikel in jüdischen Zeitungen wurden gefördert, Artikel, die das deutsche Bewußtsein der Juden unterstützten, hingegen unterdrückt.
Ebenso förderten die SS-Planer das sogenannte Haavara-Abkommen, das Beamte der Devisenabteilung des Reichswirtschaftsministeriums – ohne es an die große Glocke zu hängen – mit jüdischen Geschäftsleuten in Palästina vereinbart hatten. Das Abkommen sollte den Transfer der Vermögen auswanderungswilliger Juden nach Palästina erleichtern und gleichzeitig die deutschen Exporte nach Palästina fördern.
Der Auswanderer zahlte sein Geld auf ein Sonderkonto in Deutschland ein. Die Deutschen exportierten Waren nach Palästina. Die palästinensischen Importeure zahlten den Kaufbetrag nicht den Deutschen, sondern den inzwischen in Palästina eingetroffenen Einwanderern. Die deutschen Firmen konnten ihr Geld dann aus dem Sonderfonds abrufen, in den die Auswanderer eingezahlt hatten. Für Juden, die keine Befähigung für die in Palästina gewünschten Mangelberufe nachweisen konnten, sondern ein »Vorzeigegeld« von mindestens 15 000 Mark zur Einwanderung brauchten, war das Haavara-Abkommen eine Möglichkeit,

Deutschland ohne zu harte finanzielle Verluste zu verlassen.
Die Kontakte mit den Zionisten ließen sich für die SS so gut an, daß man sich 1936 im »Judenreferat« des Sicherheitshauptamtes eine betont prozionistische Haltung gab. In der SS-Postille »*Das schwarze Korps*« konnte man plötzlich Sätze lesen wie diesen: »Die Zeit dürfte nicht mehr allzu fern sein, in der Palästina seine seit über einem Jahrtausend verlorenen Söhne wieder aufnehmen kann. Unsere Wünsche, verbunden mit staatlichem Wohlwollen, begleiten sie.«
Anfang 1937 stießen Hagen und Eichmann sogar bis in die Kommandozentrale der Zionisten in Palästina vor. Aus dem Führungsstab der »Haganah«, der jüdischen Selbstschutzorganisation in Palästina, traf in Berlin der Offizier Feivel Polkes ein und wurde von Eichmann am 26. Februar 1937 ins Berliner Weinrestaurant »Traube« eingeladen. Ihm gehe es darum, sagte Polkes zu Eichmann, die jüdische Einwanderung nach Palästina zu verstärken. Aus diesem Grunde wolle er mit der SS kooperieren. Im September 1937 trafen sich Eichmann und Hagen noch einmal mit Polkes in Kairo. Heydrich war von Eichmanns Berichten so beeindruckt, daß er ihm gleich nach dem deutschen Einmarsch in Österreich die Leitung der dortigen jüdischen Auswanderung übertrug.
Die Auswanderung, die bisher noch freiwillig war, wurde nun immer mehr zur Zwangsaustreibung. Mit den Mitteln der Erpressung brachte Eichmann den Exodus aus Österreich in Gang und schuf ein Modell, das ein Jahr später auch in Berlin und Prag eingeführt wurde. Die reicheren Juden wurden gezwungen, die Auswanderung der ärmeren über das Haavara-Abkommen mitzufinanzieren. Schon im Spätherbst 1938 hatte Eichmann 45 000 Juden aus Österreich vertrieben, bis zum Kriegsausbruch hatten 150 000 Juden Österreich verlassen. Auch die Auswanderung aus Deutschland war 1938 wieder angestiegen. In diesem Jahr verließen 40 000 Juden das Land ihrer Väter, doppelt so viele wie ein Jahr zuvor.
Doch während der Organisationsapparat der SS auf Hochtouren zu laufen begann und jüdische Auswanderer im Fließbandverfahren abzufertigen versuchte, schlossen immer mehr Länder ihre Grenzen gegen die Juden. Visaanträge in die USA und nach Südamerika wurden immer schleppender bearbeitet. Überall entstand

Der Stürmer

Ritualmord-Nummer

Deutsches Wochenblatt zum Kampfe um die Wahrheit

HERAUSGEBER: JULIUS STREICHER

Preis 30 Pfennig

Sondernummer 1 — Nürnberg, im Mai 1934 — 12. Jahr 1934

Jüdischer Mordplan
gegen die nichtjüdische Menschheit aufgedeckt

Das Mördervolk

Die Juden stehen in der ganzen Welt in einem furchtbaren Verdacht. Wer sie nicht kennt, der kennt die Judenfrage nicht. Wer die Juden nur ansieht, wie Heinrich Heine (Chaim Bückeburg) sie beschreibt: „Ein Wolf, das zu seinem Unterhalt mit Weibchen und alten Hosen handelt und dessen Uniform die langen Nasen sind," der ist auf falschem Wege. Wer aber weiß, welch eine ungeheuerliche Anklage schon seit Anbeginn gegen die Juden erhoben wird, dem erscheint dieses Volk in einem anderen Lichte. Er sieht in nicht nur ein eigenartiges, seltsam anmutendes Volk, er sieht in ihnen Verbrecher und Mörder und Teufel in Menschengestalt. Und es überkommt ihn gegen dieses Volk ein heiliger Zorn und Haß.

Der Verdacht, in dem die Juden stehen, ist der des Menschenmordes. Sie werden beschuldigt, nichtjüdische Kinder und nichtjüdische Erwachsene an sich zu locken, sie zu schlachten und ihnen das Blut abzuzapfen. Sie werden beschuldigt, dieses Blut in die Matzen (ungesäuertes Brot) zu verbacken und auch sonstige abergläubische Zauberei zu treiben. Sie werden beschuldigt, ihre Opfer, besonders die Kinder, dabei furchtbar zu martern und zu foltern. Und während dieses Foltern Trobungen, Jüdische und Vermöhlungsfeier gegen die Nichtjuden auszuführen. Dieser planmäßig betriebene Menschenmord hat eine besondere Bezeichnung, er heißt

Ritualmord.

Das Wissen vom jüdischen Ritualmord ist schon Jahrtausende alt. Es ist so alt wie die Juden selbst. Die Nichtjuden haben es von Generation zu Generation übertragen. Es ist auch durch Schriften überliefert. Es ist aber auch in der breiten Volksmasse vorhanden. In den verkehrsten Bauerndörfern stößt man auf dieses Wissen. Der Ahne sprach von ihm zu seinem Enkel. In dieser wieder trug es weiter auf Kinder und Kindeskinder. So vererbte es sich bis zum heutigen Tag.

Wie ist es auch bei anderen Völkern vorhanden. Wo irgendwo in der Welt ein Juden gefunden wird, der die Anzeichen des Ritualmordes trägt, erhebt sich sofort laut und groß die Anklage. Sie richtet sich überall nur gegen die Juden. Hunderte und überhundert von Völkern, Stämmen und Rassen bewohnen den Erdball. Niemand denkt daran, sie des planmäßigen Kindermordes zu beschuldigen und sie die Teufelsbrut zu bezeichnen. Den Juden allein wird diese Anklage aus allen Völkern entgegengeschleudert. Und viele große Männer haben

Judenopfer

Durch die Jahrtausende vergoß der Jud, geheimem Ritus folgend, Menschenblut
Der Teufel sitzt uns heute noch im Nacken, es liegt an Euch die Teufelsbrut zu packen

Die Juden sind unser Unglück!

Unter allen antisemitischen Schriften und Pamphleten war der »Stürmer« des Frankenführers Julius Streicher die widerwärtigste Erscheinung. Woche um Woche publizierte eine schmutzige Phantasie »Beweise« für die Parole: »Die Juden sind unser Unglück.«

die Furcht vor einer Invasion mittelloser, ausgepowerter Juden, die der öffentlichen Hand zur Last fallen würden. In Palästina führten arabische Unruhen gegen die jüdische Einwanderung dazu, daß die britische Mandatsmacht die Quoten drastisch senkte. Abgewiesene Schiffe irrten von einem Hafen zum anderen. Oft mußten Länder, die mit Flüchtlingen schon überfüllt waren, wie Frankreich, Holland und Dänemark, die verzweifelte menschliche Fracht aufnehmen. Vor den Konsulaten der westlichen Länder standen täglich Menschenschlangen.

Zwar fand sich Amerika nicht bereit, seine in der Periode des Isolationismus erlassenen restriktiven Einwanderungsbestimmungen zu lockern, doch um das Gesicht zu wahren, regte Präsident Roosevelt eine Weltflüchtlingskonferenz an, die im Juli 1938 im Kurort Evian am Genfer See zusammentraf.

Deutschland, um dessen Judenfrage es vor allem ging, hatte sich geweigert, die Tagung überhaupt zur Kenntnis zu nehmen. Das Ergebnis der Konferenz war enttäuschend, die Haltung der Delegierten geprägt von Hilflosigkeit über Egoismus bis hin zum Zynismus. Die Briten hatten mit Rücksicht auf die Araber dafür gesorgt, daß der Präsident des Jüdischen Weltkongresses, Dr. Chaim Weizmann, einer der beredtesten Fürsprecher einer jüdischen Einwanderung nach Palästina, überhaupt nicht zugelassen wurde. Als ein Reporter den britischen Delegierten darauf ansprach, sagte dieser wörtlich: »Die Regierung Seiner Majestät würde es vorziehen, wenn diese Konferenz überhaupt nicht stattfände.« In England selbst demonstrierten die Gewerkschaften gegen die Aufnahme von Juden, in denen sie lästige Konkurrenten sahen. Am humansten verhielten sich noch die Vertreter kleiner Länder wie Holland und Dänemark, die sich trotz ihrer großen Bevölkerungsdichte bereitfanden, Juden wenigstens vorübergehend aufzunehmen. Frankreich, wo schon 200 000 rassische und politische Flüchtlinge Zuflucht gefunden hatten, versicherte, es habe die Grenzen seiner Aufnahmefähigkeit erreicht.

Am härtesten reagierten jene Länder, die von Fläche und Potential her die besten Aufnahmemöglichkeiten hätten bieten können. Australien: »Wir hatten bisher kein Rassenproblem und möchten auch keines importieren.« Auch die Australier betrachteten die Juden inzwischen nicht mehr als Leute mit einer anderen Religion,

sondern als Mitglieder einer fremden, unerwünschten »Rasse«. Sie hatten sich unbewußt die Nazi-Terminologie zu eigen gemacht. Ähnliche antisemitische Formulierungen gebrauchten Länder wie Peru, Nicaragua, Honduras, Costa Rica und Panama: »Wir wollen weder Händler noch Intellektuelle. Die Juden bringen die Sozialstruktur unserer Länder durcheinander.« Kanada: »Wir wollen nur Einwanderer aus landwirtschaftlichen Berufen.«
Nicht einmal die USA erklärten sich bereit, die Einwanderungsbestimmungen aus humanitären Gründen wenigstens kurzfristig zu lockern. Sie wollten lediglich vom nächsten Jahr an die »volle Quote für Einwanderer aus Deutschland und Österreich aufnehmen«. Im Klartext hieß dies: 27 370 Einwanderer pro Jahr, obgleich die Quote in den vergangenen zehn Jahren niemals voll ausgeschöpft worden war und Hunderttausende von Juden darauf warteten, daß Amerika, der Hort der Freiheit, sie aufnehmen würde.
Die unmittelbar Betroffenen, die Juden selbst, wurden im Plenum von Evian überhaupt nicht gehört. Sie durften lediglich am Rande der Konferenz mit einigen Delegierten reden, wurden mit Absichtserklärungen und bedauernden Worten abgespeist. Einige derer, die Pressevertretern die unerträgliche Situation der deutschen Juden schilderten und an die Solidarität der zivilisierten Welt appellierten, wurden bei ihrer Rückkehr nach Deutschland festgenommen und wegen »landesverräterischer Hetze« in Konzentrationslager gebracht.
Evian erlitt das Schicksal so vieler Konferenzen: Das Problem wurde an einen Ausschuß verwiesen. Ein Ausschuß unter der Leitung des US-Delegierten George Rublee wurde beauftragt, künftig die Fragen der jüdischen Auswanderung zu bearbeiten. Als Sitz wurde London bestimmt. Obgleich Hitler auch eine offizielle Zusammenarbeit mit dem Rublee-Komitee ablehnte, gestattete er dem Reichsbankpräsidenten Schacht, einen Finanzierungsplan zu entwerfen, der Juden mit dem nötigen »Vorzeigegeld« ausstatten sollte, ohne den Devisenhaushalt des Deutschen Reiches in Anspruch zu nehmen. Ähnlich wie beim Haavara-Abkommen sollten Vermögenstransfers von Juden mit Erleichterungen für deutsche Exporte gekoppelt werden, um die für die rapide angekurbelte Aufrüstung nötigen Devisen ins Land zu bringen. Schacht

durfte nach London reisen. Als seine Gespräche mit Rublee gerade in Gang kamen und sich ein Erfolg abzuzeichnen begann, fiel Schacht bei Hitler endgültig in Ungnade. Nach dem Wirtschaftsministerium mußte er nun auch das Präsidium der Reichsbank abgeben.

Mit Schachts Abgang war auch der letzte Versuch gescheitert, eine internationale Regelung für eine geordnete Auswanderung der deutschen Juden zu finden. Die Auswanderungspolitik der Nazis hatte sich in einem Teufelskreis selbst blockiert. Einerseits wollte man die Austreibung fördern, andererseits keine Devisen dafür zur Verfügung stellen. Deshalb fand sich kaum ein Aufnahmeland mehr bereit, den in Deutschland finanziell ausgeplünderten Juden unbegrenzt Einreise zu gewähren. Einerseits hatte man die Juden erfolgreich aus dem öffentlichen Leben und fast allen Gebieten des Erwerbslebens verbannt. Andererseits hatte man damit den Juden auch die Existenzbasis genommen. Viele waren inzwischen so verarmt, daß sie nicht einmal mehr das Reisegeld hätten aufbringen können.

Die Haltung der Regierungen in Evian war enttäuschend. Gewiß hätte eine großzügigere Einstellung, besonders der aufnahmefähigen Länder wie USA, Kanada und Australien, vielen Juden rechtzeitig das Leben retten können. Doch wäre es ungerecht, nach den heutigen Erkenntnissen im Rückblick urteilen und verurteilen zu wollen. Wer 1938 vorausgesagt hätte, Deutschland würde eines Tages im Massenverfahren planmäßig Juden ermorden, wäre für geistesgestört erklärt worden. Jeder wußte zwar: in Deutschland werden Juden unterdrückt und verfolgt. An eine akute Gefahr für Leib und Leben der Juden glaubte dagegen noch niemand. Selbst in den Hirnen von Hitler, Himmler und Heydrich war damals die entsetzliche »Endlösung« noch nicht programmiert. Die haßerfüllten Hetzartikel Streichers galten sogar bei eingefleischten und hohen Nazis als unappetitliche Absonderungen eines krankhaften Gehirns und einer perversen Veranlagung. Ein Auslandskorrespondent, der Goebbels einmal auf den »Stürmer« ansprach, erhielt die wegwerfende Antwort, daß es in seinem Laand auch schmutzige Magazine gäbe. Streicher sei ein verdienter Parteigenosse, aber kein Deutscher wäre gezwungen, den Unrat zu lesen, den er in seiner ihm privat gehörenden Postille verzapfen ließ.

Für die deutschen Antisemiten war Evian eine Bestätigung ihres Judenhassens. »Niemand will die Juden!« lautete eine Schlagzeile. »Anstatt Mitleid mit den Juden zu heucheln, sollen sie das Pack doch aufnehmen«, schrieb ein Kommentator. Noch nach dem Kriege beruhigten Deutsche gern ihr schlechtes Gewissen, indem sie mit moralisch erhobenem Zeigefinger auf die Regierungen der westlichen Länder deuteten, ein erschütterndes Beispiel selbstgerechter Arroganz.

Was erwartete Deutschland von den Regierungen in Evian im Klartext?

● Daß Deutschland einen Teil seiner Bürger entrechten darf, ihn schikanieren darf, ihn unter Raub seines harterarbeiteten Vermögens aus der Heimat treiben darf, ohne sich Protesten zu stellen, die als »bösartike Boykotthetze« betrachtet werden.

● Daß die übrige Welt die verarmten, ausgeplünderten und geschundenen deutschen Bürger aufnehmen muß. Tun die Regierungen das nicht bereitwillig, dann sind sie »Heuchler«.

Schließlich handelte es sich bei den deutschen Juden nicht um »Ausländer«, sondern um deutsche Staatsbürger, die für das Ausland auch dann Deutsche blieben, wenn ihnen dieser Status durch einen Akt der Willkür abgesprochen worden war.

Noch bevor das Jahr 1938 zu Ende ging, entschlossen sich die Nazis, einen entscheidenden Schlag gegen die in Deutschland verbliebenen Juden zu führen. Die »Sudetenkrise« war überstanden. Hitler hatte einen politischen und diplomatischen Sieg ohnegleichen erreicht. Jetzt brauchte man wegen ein paar hunderttausend Juden auf das Ausland keine Rücksicht mehr zu nehmen. Die Juden mußten so brutal in die Ecke gedrängt werden, daß ihnen günstigenfalls nicht viel mehr als das nackte Leben blieb.

Es fehlte nur noch ein Anlaß, um die Attacke auf breiter Front auszulösen. In den ersten Novembertagen des Jahres 1938 fiel dieser Anlaß den Nazis wie eine reife Frucht in den Schoß.

Das Attentat Herschel Grünspans vom 7. 11. 1938, Anlaß für die ▶
»Reichskristallnacht«, karikierte die NS-Zeitschrift »Die Brennessel«. Die Verzweiflungstat eines Einzelgängers wird als Werkzeug Alljudas »entlarvt«.

Pogrom

Am 6. Oktober 1938 erließ die Warschauer Regierung ein Dekret, das alle im Ausland lebenden Polen ausbürgerte, sofern sie ihre Pässe nicht mit einem Sondervermerk stempeln ließen, der nur in Polen zu erhalten war. Die Absicht des Erlasses war durchsichtig: Warschau wollte auf bequeme Art vor allem jene Juden loswerden, die mit polnischen Pässen seit Jahren in Deutschland lebten.
In einer Blitzaktion ließ Heydrich am 28. Oktober 17 000 polnische Juden verhaften und – in der ersten jüdischen Massendeportation – an die deutsch-polnische Grenze schaffen. Die polnischen Grenztruppen weigerten sich, diese Masseninvasion auf einen Schlag nach Polen hineinzulassen. Tagelang mußten die Abgeschobenen im Niemandsland kampieren und irrten zwischen den MGs der deutschen und polnischen Grenzwächter umher.
Unter den Deportierten war auch der Schneidermeister Jozef Grynspan aus Hannover mit seiner Frau. Ihr Sohn, der 17jährige Herschel Grynspan, der bei einem Onkel in Paris lebte, hörte von dem Schicksal seiner Eltern. Am Morgen des 8. November kaufte sich Grynspan bei einem Pariser Waffenhändler einen Revolver. Dann ging er zur Deutschen Botschaft, meldete sich bei einem Amtsgehilfen und verlangte den Botschafter zu sprechen. Er wurde ins Zimmer des Gesandtschaftsrates Ernst vom Rath geführt. Bevor vom Rath sich nach den Wünschen des Besuchers erkundigen konnte, zog Grynspan seinen Revolver und schoß zweimal auf den Beamten, der an seinem Schreibtisch zusammenbrach. Grynspan versuchte zu flüchten, wurde aber von einem vor der Botschaft stehenden französischen Polizisten verhaftet.
Eine der Kugeln des Attentäters hatte die Milz vom Raths durchschlagen und die Magenwand an zwei Stellen verletzt. Im Krankenhaus wurde er sofort von dem namhaften französischen Chirurgen Professor Baumgartner operiert. Sein Zustand war ernst.
Für die Nazis wurde die unbedachte Tat eines psychisch labilen Jugendlichen zum willkommenen Anlaß, von einer »großangelegten Verschwörung des Weltjudentums« zu sprechen. Das Attentat kam dem Judenhasser Goebbels, dem Propagandachef der Nazis, so sehr gelegen, daß im Ausland sogar Vermutungen auftauchten, Grynspan sei das Werkzeug eines nationalsozialistischen agent

provocateur gewesen. Als Grynspan zwei Jahre später in deutsche Hände fiel und ohne Prozeß umgebracht wurde, erhielten diese Vermutungen neue Nahrung.

Goebbels konstruierte sofort einen größeren Zusammenhang und stellte das Attentat als Manifestation des Kollektivhasses der Juden gegen Deutschland hin. Für den Propagandachef war die Tat der langersehnte Anlaß für eine Verschärfung der Judenverfolgung in Deutschland. Der Historiker Hermann Graml hat in diesem Zusammenhang den Begriff der »tiefbefriedigten Empörung« geprägt, die auch die Reaktion der Nazis auf den Reichstagsbrand im Februar 1933 ausgezeichnet hatte. Goebbels konstruierte die Tat eines Einzelgängers als Herausforderung des deutschen Volkes, die eine »Antwort« des deutschen Volkes nötig machte. »Es ist klar, daß das deutsche Volk aus dieser Tat seine Folgerungen ziehen wird«, schrieb der »Völkische Beobachter« am 8. November drohend.

Was am nächsten Tag folgte, war eine Meisterleistung Goebbelsscher Massenregie.

Hitler selbst maß dem Attentat zunächst keine überragende Bedeutung bei. Als er am Abend des 8. November im Münchner Bürgerbräu zum 15. Jahrestag des Münchner Putsches von 1923 seine traditionelle Ansprache an die dort versammelten »Alten Kämpfer« hielt, erwähnte er die Sache mit keinem Wort.

Inzwischen hatten die von Goebbels inszenierten drohenden Kommentare in der NS-Presse schon die ersten Folgen gezeigt. In verschiedenen Orten Hessens und der Gegend von Magdeburg rotteten sich von radikalen SA-Führern und Ortsgruppenleitern gelenkte Mobs zusammen und verwüsteten jüdische Läden und Gemeindehäuser. Als im Berliner Büro von Goebbels immer mehr Meldungen über Einzelaktionen eintrafen, sah der Propagandachef die einmalige Chance, in ganz Deutschland einen blutigen Pogrom zu entfachen. Doch dazu mußte er sich Hitlers Rückendeckung sichern.

Goebbels fuhr nach München, um Hitler in seinen Plan einzuweihen. Er traf den Diktator im Alten Rathaussaal, wo die »alten Kämpfer« sich gerade zum gemeinsamen Abendessen niedergelassen hatten. Für Goebbels, der eigentlich nicht zu diesem nostalgischen Kreis gehörte, war es zunächst schwierig, Hitler unter vier

Augen zu sprechen. Dann aber kam die günstige Gelegenheit. Um 21 Uhr brachte ein Bote die Nachricht, vom Rath sei seinen Verletzungen in Paris am späten Nachmittag erlegen.

Nach Zeugenaussagen hatte Goebbels mit Hitler ein sehr intensives, im Flüsterton gehaltenes Gespräch, das von den in der Nähe Sitzenden nicht verstanden wurde. Anschließend erhob sich Hitler abrupt, verließ den Saal und fuhr in seine Privatwohnung in der Äußeren Prinzregentenstraße.

Kurz darauf hielt Goebbels eine wüst antisemitische Rede. Vom Rath sei nach dem »feigen Anschlag des internationalen Judentums« gestorben. Er habe dem Führer berichtet, daß es an verschiedenen Orten Deutschlands bereits zu »spontanen Vergeltungsaktionen« des Volkes gekommen sei. Der Führer habe geantwortet, die Partei habe solche Aktionen nicht zu organisieren, aber auch nicht zu behindern, falls sie spontan entstünden.

Die alten Kämpfer waren für Goebbels die richtige Adresse: Die »Sprachregelung« war für sie eine aus der Kampfzeit bekannte revolutionäre Verschleierung. Und so hieß es später auch in einem Bericht des Obersten Parteigerichts über den Pogrom: »Die mündlich gegebenen Anweisungen des Reichspropagandaleiters sind wohl von sämtlichen anwesenden Parteiführern so verstanden worden, daß die Partei nicht nach außen als Urheber der Demonstrationen in Erscheinung tritt, sie in Wirklichkeit aber organisieren und durchführen sollte.«

Goebbels hatte gewonnen. Er hatte Hitlers Rückendeckung, ohne ihn direkt als Staatsoberhaupt in die »Nacht der langen Messer« zu involvieren. Die Führer der einzelnen Parteiformationen stürzten an die Telefone und jagten Alarmbefehle hinaus. Goebbels selber diktierte unermüdlich seine Fernschreiben an die Propagandadienststellen der Partei. Die Interpretation der Befehle wurde den unteren Chargen der Nazis selbst überlassen. Fest stand: »Spontane Aktionen« gegen die Juden seien zu organisieren. Der Pogrom war angelaufen. Überall begannen die Synagogen zu brennen, wurden Geschäfte und Gemeindehäuser zerstört, wurde geplündert und zerschlagen, wurden Juden geprügelt, durch die Straßen gejagt, erschlagen oder angeschossen.

Erst als der Pogrom in vollem Gange war, erfuhren Himmler, Heydrich, die SS und die Polizei, was überhaupt gespielt wurde.

Goebbels wußte sehr gut, warum er sie nicht eingeweiht hatte. In dieser Form hätten sie dem Pogrom nie zugestimmt. Die sinnlose Zerstörung finanzieller Werte gefährdete ihre kalt-rationale Austreibungspolitik. Auch ihre geheimen Kontakte zu den Zionisten mußten durch diese spektakulären Aktionen leiden. Doch Heydrich konnte den Pogrom nicht mehr verhindern. Er ließ ein Fernschreiben hinausgehen, in dem er anordnete: »Geschäfte und Wohnungen von Juden dürfen nur zerstört, nicht geplündert werden. Plünderer sind festzunehmen.« Außerdem ordnete er an, so viele Juden wie möglich, besonders wohlhabendere, in »Schutzhaft« zu nehmen. Seine Idee: Hatte er sie erst einmal in einem Lager, dann würde er ihnen leichter das Geld auch für ihre armen Glaubensgenossen abpressen und zur raschen Auswanderung drängen können. Himmler war wütend über die von Goebbels eigenmächtig gestartete Aktion. Er sah darin einen Einbruch in die Domäne der SS und des SD, die nach seinem Wunsch allein für die deutsche Judenpolitik zuständig sein sollten. In einer Aktennotiz schrieb er: »Ich vermute, daß Goebbels in seinem Machtstreben und in seiner Hohlköpfigkeit gerade jetzt in der außenpolitisch schwersten Zeit diese Aktion gestartet hat.«

Am 11. November lag ein Zwischenergebnis des Pogroms vor: 815 zerstörte Geschäfte, 29 in Brand gesetzte oder zerstörte Warenhäuser, 171 in Brand gesetzte oder zerstörte Wohnungen. 191 Synagogen waren in Brand gesteckt, 76 weitere vollständig demoliert worden. Dazu kamen Gemeindehäuser, Friedhofskapellen und andere jüdische Einrichtungen. Fast 100 Juden waren ermordet worden, noch mehr hatten Verletzungen erlitten. 20 000 Juden waren festgenommen und in Konzentrationslager gebracht worden.

Für diesen ersten Pogrom in Deutschland seit dem späten Mittelalter fanden die Berliner wegen der Tausenden von Scherben, die die Geschäftsstraßen bedeckten, einen Namen, der in die Geschichtsbücher einging: »Reichskristallnacht«.

Der endgültige Bericht sprach noch von weitaus höheren Schäden als das von Heydrich zusammengestellte Zwischenergebnis: 7500 zerstörte jüdische Geschäfte. Allein der Wert der zerschlagenen Ladenfenster betrug 10 Millionen Reichsmark. Um das Glas später zu ersetzen, wurde die halbe Jahresproduktion der belgischen

Glasindustrie benötigt. Den Gesamtschaden an materiellen Gütern im ganzen Reichgebiet schätzte Heydrich in seinem Bericht an Hermann Göring auf mehrere hundert Millionen Mark.
Die Mordfälle wurden nicht von den ordentlichen Gerichten, sondern vom Obersten Parteigericht untersucht. Kein Mörder wurde verurteilt. Das Oberste Parteigericht nahm jene Auffassung vorweg, mit der sich nach dem Zweiten Weltkrieg die Kriegsverbrecher zu verteidigen pflegten: »Soweit ein klarer Befehl vorliegt, bedarf die Bitte um Niederschlagung des Verfahrens keiner weiteren Begründung. Der Befehl muß die Verantwortung verlagern vom Handelnden auf den Befehlsgeber.« Strafen wurden nur in Fällen ausgesprochen, in denen Juden ohne Befehl oder gegen einen Befehl getötet worden waren. Aber auch hier wurde den Tätern zugebilligt, daß »unlautere Motive« nicht vorlagen. Die höchste Strafe, die mehrere überführte Mörder erhielten, bestand in einer »Verwarnung wegen Disziplinlosigkeit« und einer »Beförderungssperre« für drei Jahre. Ausgestoßen aus der Partei wurden lediglich einige SA-Leute, die jüdische Frauen und Mädchen vergewaltigt hatten. Sie wurden aber keineswegs bestraft, weil sie vergewaltigt, sondern weil sie »Rassenschande« begangen hatten.
Hermann Göring, der ebenfalls nicht eingeweiht worden war, tobte, als er von dem Pogrom erfuhr. In scharfen Worten beschwerte er sich bei Hitler über Goebbels. Der Pogrom habe sinnlos wertvollste Güter zerstört, empfindliche Störungen des Wirtschaftslebens seien zu befürchten. Die angespannte Rohstofflage Deutschlands hätte den Aktionen den Stempel der Idiotie aufgedrückt. Göring lehnte den Pogrom nicht aus Gründen der Menschlichkeit ab, sondern aus rein wirtschaftspolitischen Gründen. »Mir wäre es lieber, ihr hättet die doppelte Anzahl von Juden umgebracht, anstatt so viele kostbare Werte zu vernichten!« rief er Goebbels wütend zu.
Am 11. November erteilte Hitler Göring offiziell den Befehl, die Juden restlos aus der deutschen Wirtschaft zu entfernen. Tags darauf fand im Luftfahrtministerium in Görings Büro eine Besprechung statt, in der die völlige Entrechtung der Juden in Deutschland beschlossen wurde. Die Diskussion artete zu einer Orgie des Antisemitismus aus, in der Göring sich darin gefiel, auf Kosten von Goebbels *und* der Juden noch ein paar schale Witze zu

machen. Als Goebbels ernsthaft die Forderung erhob, den Juden das Betreten des »deutschen Waldes« zu verbieten, meinte Göring: »Also wir werden den Juden einen gewissen Waldteil zur Verfügung stellen und dafür sorgen, daß die verschiedenen Tiere, die den Juden so verdammt ähnlich sehen – der Elch hat ja so eine gebogene Nase – dahin kommen und sich da einbürgern.«

Vor allem aber interessierte Göring die finanzielle Seite der Maßnahmen. Und er entwarf einen Coup, der einem Gangsterboß zur Ehre gereicht hätte. Goebbels hatte gefordert, daß die Versicherungen für die Schäden an jüdischem Besitz nicht aufkommen sollten. Der Fachgruppenleiter Hilgard als Vertreter der deutschen Versicherungswirtschaft widersprach. Das würde das internationale Renommé der Versicherungen schädigen. Da hatte Göring folgende Idee: Die Versicherungen sollen zahlen, aber nicht die Juden erhalten das Geld, sondern das Deutsche Reich. Der Staat würde die Gelder bei der Auszahlung beschlagnahmen. Ein Teil davon könnte dann den Versicherungen wieder zugute kommen. Auf Hilgards verwunderten Blick schlug Göring sich lachend auf die Schenkel und rief: »Das ist doch großartig, Hilgard! Ich bin ja ein viel besserer Versicherungsagent als Sie! Sie müßten eigentlich mit mir Kippe machen!« Die Judenfrage war in die absoluten Niederungen einer Diskussion zwischen Gangsterbossen geraten. Keiner der anwesenden Nichtnazis, wie etwa der konservative Finanzminister Graf Schwerin-Krosigk, protestierte. Der Raub wurde zum Beschluß gemacht. Und so sah er aus:

- Die Versicherungssummen für Schäden, die durch den Pogrom entstanden waren, werden zugunsten des Deutschen Reiches beschlagnahmt
- Kraft einer Verordnung zur »Wiederherstellung des Straßenbildes« müssen alle Juden die entstandenen Schäden auf eigene Kosten beseitigen lassen
- Allen deutschen Juden wird eine Kollektivstrafe von einer Milliarde Mark auferlegt, als Sühne für das »ruchlose Verbrechen« am deutschen Volk (den Mord Herschel Grynspans an Ernst vom Rath).

Jetzt erwies es sich als günstig, daß alle jüdischen Vermögen seit April 1938 registriert waren. Der Zugriff auf die begehrten Werte fiel nicht mehr schwer. Auch die jüdischen Gemeinschaften, die

bisher noch notleidende Juden unterstützt und bei der Finanzierung der Auswanderung geholfen hatten, verarmten nun völlig.
Ein weiterer Beschluß der Konferenz bestimmte, daß nunmehr die »Zwangsarisierung« aller noch vorhandenen jüdischen Betriebe einzuleiten sei. Auch hier erwies sich Göring als trickreich und brutal. Seine Vorstellung: Der Jude muß zum billigstmöglichen Preis an den »Arier« verkaufen. Der »Arier« aber zahlt einen höheren Preis. Die Differenz wird vom Reich vereinnahmt. Und was sollte das Schicksal des enteigneten Juden sein? Göring: »Der Jude bekommt den Kaufpreis nicht in bar, sondern in Schuldverschreibungen des Reiches. Von den Zinsen muß er leben.« Als Wirtschaftsminister Funk fragte, ob Juden nicht wenigstens ihre Wertpapiere behalten dürften, meinte Göring: »Natürlich muß er die auch weggeben. Und zwar zu einem Preis, den *wir* festsetzen.« Zum Schluß der Konferenz sagte Göring trocken: »Jedenfalls, ich möchte kein Jude in Deutschland sein.«
Am 16. November schrieb der britische Geschäftsträger in Berlin: »Ich habe nicht einen einzigen Deutschen getroffen, der nicht in unterschiedlichem Maß zumindest mißbilligt, was geschehen ist. Aber ich fürchte, daß selbst die eindeutige Verurteilung von seiten erklärter Nationalsozialisten oder höherer Offiziere der Wehrmacht keinerlei Einfluß auf die Horde von Wahnsinnigen haben wird, die gegenwärtig Nazi-Deutschland beherrscht.«
In den Tagen und Wochen, die auf die »Kristallnacht« folgten, ging ein Hagel von neuen diskriminierenden Verordnungen auf die deutschen Juden nieder:
- Ausschluß *aller* Juden von deutschen Schulen und Universitäten
- Zwangsweise Enteignung aller jüdischen Betriebe gegen Schuldverschreibung
- Alle Städte müssen einen »Judenbann« errichten, das heißt, Sperrgebiete festlegen, die von Juden nicht betreten werden dürfen
- Juden wird der Besuch von Theatern, Konzerten, Museen, Sportplätzen und Bädern verboten
- Führerscheine von Juden werden eingezogen, ebenso die Kraftfahrzeugzulassungen. Die Autos werden beschlagnahmt und nach Schätzung auf die Strafkontribution angerechnet
- Berufsverbot nun auch für jüdische Zahnärzte und Tierärzte.

Am 21. Februar 1939 befahl eine Verordnung, die Ablieferung aller Gegenstände in Gold und Silber sowie von Edelsteinen und Perlen an staatliche Ankaufstellen innerhalb von zwei Wochen. Nur Eheringe waren davon ausgenommen.

Am 30. April 1939 wurde der Mieterschutz für Juden gelockert. An vielen Orten wurden Juden aus ihren Wohnungen vertrieben und mit anderen Juden in sogenannten »Judenhäusern« zusammengelegt – der Beginn der Ghettoisierung. Bei Reisen wurde Juden untersagt, Schlaf- oder Speisewagen zu benutzen. Arbeitslosenhilfe wurde Juden nur noch bezahlt, wenn sie dafür eine »Leistung« erbrachten. Schon 1939 begannen die Nazis, für unbemittelte oder arbeitslose Juden Zwangsarbeiterkolonnen im Straßenbau aufzustellen.

Neben der Ausraubung und Entrechtung durch ihre Unterdrücker mußten die Juden auch noch deren Hohn ertragen. So schrieb eine Nazizeitung, die jetzt völlig isolierten jüdischen »Parasiten« würden nunmehr verarmen und allesamt in die Kriminalität absinken. Und dann der perfide und zugleich prophetische Satz: »Bei einer solchen Entwicklung ständen wir allerdings vor der harten Notwendigkeit, die jüdische Unterwelt auszurotten.«

Die restlos verarmten Juden besaßen nun immer weniger Chancen zur Auswanderung. Und hatten einige es endlich geschafft, mit einem Visum auf einem Auswanderungsschiff zu sitzen, so waren sie dennoch nicht sicher, ob man sie auch tatsächlich aufnehmen würde.

Ein typisches Beispiel dafür ist die Odyssee des Dampfers »St. Louis« der HAPAG. Das Schiff stach am 13. Mai 1939 mit 930 jüdischen Passagieren von Hamburg aus in See. Zielhafen war Havanna auf Kuba. Die Auswanderer hatten vorläufige Einreisevisa für Kuba. Von dort aus sollten sie nach und nach, im Laufe von drei Monaten bis zu drei Jahren, in die USA einwandern dürfen. Als sie vor Havanna eintrafen, bestritt die kubanische Regierung die Gültigkeit der Visa, obgleich sie vom Chef der Einwanderungsbehörde selbst unterschrieben waren. Die Juden durften nicht an Land. Die »St. Louis« fuhr weiter nach New York. Doch die Einwanderungsbehörden winkten ab. Diese Einwanderer waren noch nicht »dran«. Die Bürokratie hielt sich stur an das Quotensystem. Mit 930 verzweifelten und verängstigten Juden an

Bord, dampfte das Schiff wieder nach Europa zurück. Der Kapitän meinte bedauernd, wenn kein anderes Land in Europa die Einreise gestattete, müßte er sie wieder nach Hamburg bringen. Schließlich wurden die Passagiere nach und nach von Frankreich, England, Holland und Belgien aufgenommen. In Amerika schrieb Bischof James Cannon: »Ein Ereignis, das einen Schandfleck in die Annalen unserer Nation einbrennen wird.«

1939 konnten die deutschen Juden ihre Hoffnung praktisch nur noch auf Palästina setzen. Hier hatte sich eine starke zionistische Widerstandsgruppe gegen die restriktiven Einwanderungsbestimmungen der Briten gebildet. 1937 war im Büro des Haganah-Führers Eliahu Golomb eine Geheimorganisation entstanden, die sich »Mossad le Aliyah Bet« = Büro für Einwanderung nannte. In ganz Europa errichtete das Mossad einen Apparat von Mitarbeitern. Ihre Aufgabe: Jüdische Einwanderer heimlich auf kleinen Schiffen unbemerkt von der britischen Mandatsmacht nach Palästina zu bringen.

Das Mossad war unsentimental genug, auch die Zusammenarbeit mit der SS nicht auszuschlagen. Am 15. Juni 1939 notierte Judenexperte Herbert Hagen im SD-Hauptamt: »Einwanderung der Juden immer schwieriger. Alle Auswanderungspläne, wohin auch, fördern.« Eichmann hatte inzwischen in Berlin ein ähnliches Büro aufgezogen wie ein Jahr zuvor in Wien.

Bei einem Besuch in seinem Büro schlugen zwei Mossad-Leute, Pino Ginzburg und Moshe Auerbach, Eichmann eine Zusammenarbeit vor. Das zionistische Ausbildungsprogramm sollte beschleunigt, die Auswanderung vorangetrieben werden. Für den Transport der Juden würde das Mossad sorgen.

Im Berliner Zionistenbüro in der Meinekestraße begann Ginzburg Transporte zusammenzustellen. Der erste verließ Deutschland im Sommer 1939 mit 280 Auswanderern. Das Schiff fuhr zunächst nach Korfu, wo die Juden umstiegen und mit einem anderen nach Palästina geschleust wurden. Es folgten Transporte mit weiteren 400 und 500 Juden.

»Und nun doch Madagaskar?«, fragt die NS-Karikatur aus dem Jahre 1939. Neben Ächtung und Entrechtung war eine forcierte Auswanderung bis zur Endlösung offizielle NS-Judenpolitik.

Die Briten wehrten sich erbittert gegen die Einwanderer und verschärften die Kontrollen. Vor der Küste Palästinas patrouillierte eine Zerstörerflotille. Aber je härter die britischen Behörden reagierten, desto kooperativer wurde die SS. Im Hochsommer erlaubte Eichmann, daß Ginzburg seine Schiffe nach Emden und Hamburg dirigierte, damit die Juden auf direktem Weg das Land verlassen konnten. Ginzburg hatte schon vier Schiffe für Oktober gechartert. Insgesamt 10 000 Juden sollten in diesem Monat mit Hilfe des Mossad abreisen.

Der Ausbruch des Zweiten Weltkrieges setzte der unfreiwilligen Partnerschaft zwischen Zionismus und SS ein Ende. Die letzte große Chance, das deutsche Judentum zu retten, war vorbei.

»Wenn das deutsche Volk in irgendeiner absehbaren Zeit in außenpolitischen Konflikt kommt, so ist es selbstverständlich, daß auch wir in Deutschland in erster Linie daran denken werden, eine große Abrechnung mit den Juden zu vollziehen!« hatte Göring am 12. November 1938 gedroht. Den gleichen Gedanken nahm Hitler in seiner Rede vor dem Reichstag am Tage des Kriegsbeginns auf. Die »Endlösung« wurde angekündigt.

In Deutschland waren die Juden, als der Krieg begann, schon völlig isoliert. Sie lebten in einer Atmosphäre, die bestimmt war von Feindschaft, Verachtung und Bedrohung. Der Pogrom hatte sie ihres letzten Schutzes beraubt, sie ausgestoßen und geächtet. Sie waren gesellschaftlich Ausgestoßene, Parias, auf eine Stufe gestellt mit lästigen Schädlingen und Ungeziefer.

Das deutsche Volk hatte ihre stufenweise Herabwürdigung nicht nur miterlebt, sondern geduldet und ihrer Entrechtung – wenigstens scheinbar – sogar zugestimmt. Die Diskriminierung und Unterdrückung war nie geheim gehalten worden. Sie hatte sich in aller Öffentlichkeit abgespielt. Als der Krieg begann, waren die Juden in Deutschland schon so tief gestellt, so sehr aus dem Leben der Bevölkerung ausgestoßen, daß ihr endgültiges Verschwinden in den ersten Jahren des Krieges kaum noch bemerkt wurde.

Die meisten Deutschen haben recht, wenn sie beteuern, daß sie von der physischen Vernichtung der Juden keine Ahnung hatten. Die meisten Deutschen haben sich nach Kriegsbeginn gar nicht mehr dafür interessiert, wohin die Juden aus ihrer Mitte verschwanden. Für sie existierten sie gar nicht mehr.

Dokumente
Ächtung und Entrechtung

Als fertiger Antisemit betrat Hitler die politische Bühne. Daß Maßnahmen gegen die Juden ergriffen würden, sobald er an die Macht kam, daran konnte nach allen seinen Reden und seinem programmatischen Buch »Mein Kampf« kein Zweifel sein. Zwei Monate nach seinem Amtsantritt, am 1. April 1933, begannen dann auch die Verfolgungen mit der Aktion »Kauft nicht bei Juden«. Dabei war eigentlich das Bestreben, alles im Schein der Legalität und Korrektheit zu halten, mittels Gesetzen, Verwaltungsakten etc. das »Herausdrängen der Juden aus dem deutschen Volkskörper« zu regeln. Diese Rechtsförmigkeit des Verfahrens und der Umstand, daß immer wieder Ruhepausen eintraten, gab vielen Juden jeweils von neuem die Hoffnung ein, die Schikanen würden sich in Grenzen halten, wenn nicht gar bald aufhören – eine Hoffnung, die sich nicht erfüllen sollte. Nicht einmal auf die vom Nationalsozialismus behauptete Sachlichkeit und Nüchternheit der antijüdischen Maßnahmen war Verlaß, zeigten doch Aktionen wie die »Kristallnacht« oder die massenahft eingehenden Denunziationen gegen Juden und »Judenfreunde«, wieviel private Roheit und Gemeinheit dem offiziellen Antisemitismus einschlägig war.

Organisation des Boykotts

Anordnung der NSDAP-Leitung, 28. 3. 1933

In jeder Ortsgruppe und Organisationsgliederung der NSDAP sind sofort Aktionskomitees zu bilden zur praktischen, planmäßigen Durchführung des Boykotts jüdischer Geschäfte, jüdischer Waren, jüdischer Ärzte und jüdischer Rechtsanwälte. Die Aktionskomitees sind verantwortlich dafür, daß der Boykott keinen Unschuldigen, um so härter aber die Schuldigen trifft.

Die Aktionskomitees haben sofort durch Propaganda und Aufklärung den Boykott zu popularisieren. Grundsatz: Kein Deutscher kauft bei einem Juden oder läßt von ihm und seinen Hintermännern Waren anpreisen. Der Boykott muß ein allgemeiner sein. Er wird vom ganzen Volk getragen und muß das Judentum an seiner empfindlichsten Stelle treffen.

Die Aktionskomitees müssen bis in das kleinste Bauerndorf hinein vorgetrieben werden, um besonders auf dem flachen Lande die jüdischen Händler zu treffen. Grundsätzlich ist immer zu betonen, daß es sich um eine uns aufgezwungene Abwehrmaßnahme handelt.

Der Boykott setzt nicht verzettelt ein, sondern schlagartig; in dem Sinne sind augenblicklich alle Vorarbeiten zu treffen. Es ergehen Anordnungen an die SA und SS, um vom Augenblick des Boykotts ab durch Posten die Bevölkerung vor dem Betreten der jüdischen Geschäfte zu warnen. Der Boykottbeginn ist durch Plakatanschlag und durch die Presse, durch Flugblätter usw. bekanntzugeben. Der Boykott setzt schlagartig Samstag, den 1. April, Punkt 10 Uhr vormittags ein. Er wird fortgesetzt so lange, bis eine Anordnung der Parteileitung die Aufhebung befiehlt.

Die Aktionskomitees organisieren sofort in Zehntausenden von Massenversammlungen, die bis in das kleinste Dorf hineinzureichen haben, die Forderung nach Einführung einer relativen Zahl für die Beschäftigung der Juden in allen Berufen entsprechend ihrer Beteiligung an der deutschen Volkszahl. Um die Stoßkraft der Aktion zu erhöhen, ist diese Forderung zunächst auf drei Gebiete zu beschränken: a) auf den Besuch an den deutschen Mittel- und Hochschulen, b) für den Beruf der Ärzte, c) für den Beruf der Rechtsanwälte.

Die Aktionskomitees haben weiterhin die Aufgabe, daß jeder Deutsche, der irgendwie Verbindung zum Ausland besitzt, diese verwendet, um in Briefen, Telegrammen und Telefonaten aufklä-

rend die Wahrheit zu verbreiten, daß in Deutschland Ruhe und Ordnung herrscht, daß das deutsche Volk keinen sehnlicheren Wunsch besitzt, als in Frieden seiner Arbeit nachzugehen und im Frieden mit der anderen Welt zu leben, und daß es den Kampf gegen die jüdische Greuelhetze nur führt als reinen Abwehrkampf.

Quellenangabe:
Walther Hofer (Hrsg.), Der Nationalsozialismus. Dokumente 1933–1945. Frankfurt/M. 1957 (= Fischer Bücherei 172)

Bedrohung und Bedrückung

Tagebuchaufzeichnungen des Dichters Jochen Klepper, 1933–1938

6. 10. 1933
Wenn Menschen das Leben einer deutschen Familie führen, dann sind wir es. Wenn Menschen ohne Heimat und ohne Klarheit und Würde ihrer Umwelt kaum auskommen können, sind wir es. Und diese Mischehe soll nun Volksverrat, Entartung, Zersetzung sein. Beziehungen zu Juden und Jüdinnen sollen in Zukunft sogar mit Konzentrationslager bestraft werden. – Noch sind die Kinder völlig unbefangen und haben in der Schule nicht zu leiden. Das Schwerste für Juden dieser Bildungsschicht ist, daß sie derart in Deutschland aufgegangen sind – nur deutsche Landschaft, Sprache, Musik, Literatur, nur deutsche Feste lieben.

18./19. 7. 1935
Antisemitische Ausschreitungen am Kurfürstendamm. Verschärfte Arierparagraphen. In Sachsen und in Breslau 21 arische Mädchen in Schutzhaft, die Verhältnisse mit Juden hatten. Die Männer in Konzentrationslagern. – Die Säuberung Berlins von Juden drohend angekündigt.

5. 8. 1935
Die Plakate an den Litfaßsäulen und die Schlagzeilen, denen sich zu entziehen unmöglich ist! Die kurze Sommerpause der Politik (in der genug geschah an Bedrohung und Bedrückung) ist um – der offen angesagte Kampf gegen die »Außenstehenden« hat wieder begonnen mit einem »Deutsches Volk, horch auf!« Darunter: »Eheschließungen zwischen Deutschen und Juden werden in Zukunft nicht mehr geduldet.«

11. 9. 1935
Nach einem heute herausgekommenen Erlaß wird es von nun an für Juden nur Judenschulen geben. Wird an den Universitäten

noch etwas sein wie ein Numerus clausus? Überhaupt noch eine höhere Schule für Juden? Und in kleineren Städten?

21. 2. 1938

Nun sind die Juden auch aus Bankwesen und Mode fast alle ausgeschaltet. Die Hoffnung, die Töchter in Deutschland zu halten, wird immer geringer! Wann wird die Frage jüdischen Grundeigentums in Deutschland aufgerollt werden? Eine Konsequenz, die man erwarten muß. – Wer emigriert, darf nicht zurück. Wer im Lande bleibt, bekommt keinen Paß. So furchtbar werden die jüdischen Familien in Deutschland zerrissen!

13. 7. 1938

Die Juden in Deutschland aus den letzten, ihnen belassenen Berufen ausgeschieden: Makler, Reisende.

3. 8. 1938

Die jüdischen Ärzte müssen ihre Praxis auflösen – mit Frist bis zum 1. 10. Nur für die Behandlung von Juden soll es noch Sondergenehmigung geben.

23. 8. 1938

Immer schlimmere Verschärfungen auch in Hotels für die Juden. Reisen ist nun anders als von Haus zu Haus eigentlich ausgeschlossen. Ab 1. 1. müssen alle Juden, ob getauft oder nicht, als zweiten Vornamen den Namen Israel, alle Jüdinnen den zweiten Namen Sara führen.

14. 9. 1938

Gestern neue Goebbels-Rede: Die Judenfrage wird endgültig gelöst. – »Es ist eine Entwürdigung unseres deutschen Kunstlebens, daß einem Deutschen zugemutet werden soll, in einem Theater oder Kino neben einem Juden zu sitzen! – Jede Aktion des internationalen Judentums in der Welt fügt den Juden in Deutschland nur Schaden zu. Die Judenfrage wird in kürzester Frist einer das deutsche Volksempfinden befriedigenden Lösung zugeführt! Das Volk will es so (!!), und wir vollstrecken nur seinen Willen!«

12. 11. 1938

Die Morgenzeitung. Dr. Goebbels: »Deutschland wird auf die Schüsse Grünspans legal, aber hart antworten.« Waffenbesitz für Juden bei schwerer Strafe verboten. Die Abendzeitung: »Juden dürfen kulturelle Veranstaltungen nicht mehr besuchen. Verordnung von Dr. Goebbels untersagt Zutritt zu Theatern, Kinos, Konzerten, Vorstellungen und Ausstellungen ...« »eine der weiteren Maßnahmen, die mit Schärfe gegen die Juden durchgeführt wer-

*den.«... Auch in Italien die Ehe mit Juden verboten. Schrecklich
die Ohnmacht der beiden Kirchen, die den Judenchristen nicht helfen können...*

3. 12. 1938
Die Abendzeitung brachte die Bekanntgabe von Judenbannbezirken: alle »kulturellen« Institute, alle Bäder, Straßen im Regierungsviertel... Viele Juden halten diese pyschischen Quälereien nicht mehr aus. Es soll in diesem Monat schon 5000 jüdische Selbstmorde gegeben haben.

Quellenangabe:
Weltkriege und Revolution 1914–1945. München 1961 (= Geschichte in Quellen 5)

Nürnberger Gesetze

Reichsbürgergesetz und Blutschutzgesetz, 15. 9. 1935

Der Reichstag hat einstimmig das folgende Gesetz beschlossen, das hiermit verkündet wird.
§ 1.1. Staatsangehöriger ist, wer dem Schutzverband des Deutschen Reiches angehört und ihm dafür besonders verpflichtet ist.
2. Die Staatsangehörigkeit wird nach den Vorschriften des Reichs- und Staatsangehörigkeitsgesetzes erworben.
§ 2.1. Reichsbürger ist nur der Staatsangehörige deutschen oder artverwandten Blutes, der durch sein Verhalten beweist, daß er gewillt ist, in Treue dem deutschen Volk und Reich zu dienen.
2. Das Reichsbürgerrecht wird durch Verleihung des Reichsbürgerbriefes erworben.
3. Der Reichsbürger ist der alleinige Träger der vollen politischen Rechte nach Maßgabe der Gesetze.

*

Durchdrungen von der Erkenntnis, daß die Reinheit des deutschen Blutes die Voraussetzung für den Fortbestand des deutschen Volkes ist, und beseelt von dem unbeugsamen Willen, die deutsche Nation für alle Zukunft zu sichern, hat der Reichstag einstimmig das folgende Gesetz beschlossen, das hiermit verkündet wird.
§ 1.1. Eheschließungen zwischen Juden und Staatsangehörigen deutschen oder artverwandten Blutes sind verboten. Trotzdem geschlossene Ehen sind nichtig, auch wenn sie zur Umgehung dieses Gesetzes im Auslande geschlossen sind.

2. Die Nichtigkeitsklage kann nur der Staatsanwalt erheben.
§ 2. Außerehelicher Verkehr zwischen Juden und Staatsangehörigen deutschen oder artverwandten Blutes ist verboten.
§ 3. Juden dürfen weibliche Staatsangehörige deutschen oder artverwandten Blutes unter 45 Jahren nicht in ihrem Haushalt beschäftigen.
§ 4.1. Juden ist das Hissen der Reichs- und Nationalflagge und das Zeigen der Reichsfarben verboten.
2. Dagegen ist ihnen das Zeigen der jüdischen Farben gestattet. Die Ausübung dieser Befugnis steht unter staatlichem Schutz.
§ 5.1. Wer dem Verbot des § 1 zuwiderhandelt, wird mit Zuchthaus bestraft.
2. Der Mann, der dem Verbot des § 2 zuwiderhandelt, wird mit Gefängnis oder mit Zuchthaus bestraft.
3. Wer den Bestimmungen der §§ 3 oder 4 zuwiderhandelt, wird mit Gefängnis bis zu einem Jahr und mit Geldstrafe oder mit einer dieser Strafen bestraft.

Quellenangabe:
Walter Hofer (Hrsg.), Der Nationalsozialismus. Dokumente 1933–1945. Frankfurt/M. 1957 (= Fischer Bücherei 172)

Der Himmel war rot

Bericht eines Opfers der »Reichskristallnacht«, Nov. 1938

Am 9. November hatten wir Besuch zum Abendessen: einen deutschen Nichtjuden, der mit einer Amerikanerin verheiratet war. Er verabschiedete sich ungefähr um elf Uhr. Als wir ihn zur Haustür begleiteten, sahen wir, daß die Straße sehr belebt war. Es fuhren viele Lastwagen mit Männern in Naziuniform vorüber, und gegenüber, im Haus der Presse, war ein ständiges Kommen und Gehen. Unser Freund bot sich an, bei uns zu bleiben, für den Fall, daß wir Schutz brauchten, aber mein Mann hielt dies nicht für notwendig. Wir gingen nach oben zurück und räumten Obst und Zigaretten vom Tisch. Da hörten wir in der Nähe Schüsse fallen und sahen in der Entfernung Feuer brennen.
Um dreiviertel zwölf schellte es an unserer Wohnungstür. Es war Frau B., die Frau des Besitzers eines jüdischen Restaurants, das sich einige Häuser von dem unsrigen entfernt befand. Sie suchte Behandlung und Zuflucht. In unklaren Sätzen berichtete sie, daß Nazihorden in ihr Haus eingedrungen waren. Ihr Mann hatte die Flucht ergriffen. Die uniformierten Männer hatten ihre große

Kaffeemaschine umgestürzt; diese war auf sie gefallen, und sie war für einen Augenblick unter der Maschine zusammengebrochen. Als es ihr mit Hilfe ihrer Angestellten gelungen war aufzustehen, hatte sie Wunden auf der Stirn, und mehrere Zähne waren ausgebrochen.
Mit ihr kamen ihre Köche, ein altes jüdisches Ehepaar, das irgendwo nahebei in einem dritten Stock wohnte. Nachdem mein Mann ihre Wunden verbunden hatte, erbot er sich, Frau B. zum Übernachten in die Wohnung dieser Leute zu bringen. Sie flehte uns jedoch an, sie bei uns zu behalten, und obgleich ich der Ansicht war, daß sie bei den anderen sicherer wären, stimmte ich zu.
Wir bereiteten ihr ein Lager auf einem Diwan in dem im Erdgeschoß befindlichen Sprechzimmer meines Mannes, stellten ihr etwas Obst und Wasser hin, zeigten ihr, wie sie uns im zweiten Stock am Haustelefon erreichen könnte und begaben uns nach oben.
Kaum waren wir dort angelangt, als es heftig an unserer Haustür schellte. Ein Blick durch die Fenstergardinen zeigte uns, daß sich eine große Anzahl schwarz-uniformierter Männer vor unserem Haus ansammelte. Wir beschlossen, nicht zu öffnen. Kurz darauf wurde die schwere Haustür mit Schaftstiefeln eingetreten. Wir gingen daraufhin hinunter, um möglichst zu verhindern, daß sie alles beschädigten.
Die Männer kamen alle mit uns nach oben. Als sie an unserem Dachgarten vorbeigingen, traten sie ein, zerstörten alle Holzteile und die Glasfenster einer kleinen Hütte und nahmen die Gans, die ein Patient meinem Mann zum Martinstag geschickt hatte.
In unserer eigenen Wohnung öffneten sie einige Schränke, zerbrachen alles Porzellan und Glas, das sie fanden, sowie die Zierstücke in unserem Wohnzimmer.
Sie gingen wieder nach unten, aber ein Mann kam zurück und forderte uns auf, sie in die Arbeitsräume meines Mannes zu begleiten. Ich sehe noch das verängstigte Gesicht der Frau B. vor mir, als wir mit all den SS-Männern in das Sprechzimmer kamen. Sie gingen jedoch wieder hinaus, ohne etwas anzurühren. Inzwischen – es war kurz vor eins – war Frau B. sehr ängstlich über das Verbleiben ihres Mannes geworden, und obgleich ich dringend riet, bis zum frühen Morgen zu warten, bestand sie darauf, daß mein Mann bei ihrem Schwager anrief, um nachzufragen. Ihre Vermutung war richtig: ihr Mann war dort und wollte dort über Nacht

bleiben, aber obwohl sie nicht selbst ans Telefon ging, konnte er hören, wie sie weinte und bat, er möge sofort kommen. Er ging also zu Fuß den ganzen Weg vom Rande der Stadt und kam gegen halb zwei Uhr früh bei uns an. Wir machten auch ihm ein Bett auf einem zweiten Diwan und gingen wieder nach oben. Da sahen wir, daß der Himmel ganz rot war – die Synagoge brannte. Wir legten uns auf die Betten, ohne uns auszuziehen. Es war natürlich ausgeschlossen, daß wir auch nur für einen Augenblick einschliefen.
Das nächste Mal kamen sie um halb vier in der Frühe. Diesmal waren es nur fünf Männer in SS-Uniform, zwei in Zivil. Niemals sonst sind mir menschliche Wesen vorgekommen, die so aussahen: ihre Augen waren weit offen, das Haar stand in die Höhe – der Ausdruck von Männern in Raserei. Sie kamen mit uns ins Wohnzimmer, der Führer der Gruppe nahm eine Pistole aus dem Gürtel, richtete sie auf meinen Mann und kommandierte: »Raus aus dem Zimmer.« Sofort trat ich zwischen ihn und meinen Mann, so daß die Pistole auf mich gerichtet war, und sagte: »Sie können mit dem Mann da nicht allein sprechen, er ist schwerhörig; aber ich werde ihm weitergeben, was Sie zu sagen haben.« Es folgte eine Minute ängstlicher Spannung. Er hätte uns beide auf der Stelle erschießen können, aber langsam, sehr langsam ließ er seinen Arm und die Pistole sinken. Unsere sechzehnjährige Tochter mußte aufstehen und aus ihrem Schlafzimmer kommen. Dann machten sie sich daran, die Küchenschränke umzuwerfen und alles zu zerbrechen oder zu zerreißen, was in ihre Finger kam. Ehe sie fortgingen, wandte sich der Führer an mich: »Was auch immer Sie diese Nacht hören werden: gehen Sie nicht hinunter – es würde Sie das Leben kosten.«

Quellenangabe:
Gerhard Schoenberner, Wir haben es gesehen. Augenzeugenberichte über Terror und Judenverfolgung im Dritten Reich. Hamburg 1962

Würzburger Juden werden deportiert

Bericht eines Überlebenden, 1948

Ende Juni 1941 wurden wir von der jüdischen Gemeinde davon unterrichtet, daß ein Abtransport von Juden bevorsteht. Wir wurden dann einmal zum Gestapohäuptling Völkl vorgeladen. Dieser forderte uns auf, daß wir uns – meiner Erinnerung nach – am 26. Nov. 1941 in der Stadthalle ... zu stellen hätten, und zwar

mit Gepäck. Er erklärte uns als Zweck dieser Aktion, daß wir im Osten Land angewiesen bekämen; wir sollten ihm Ehre machen und als Pioniere für die Nachkommen wirken. Wir mußten damals irgendein Formular unterschreiben, das ich nur flüchtig überfliegen konnte. Meiner Erinnerung nach stand darin, daß wir auf alle Ansprüche wegen unseres zurückbleibenden Vermögens verzichten müßten.
Ich ging nicht rechtzeitig in die Stadthalle. Darauf wurde ich von 3 Leuten, 1 Zivilisten und 2 SS-Männern geholt und zur Stadthalle eskortiert, wobei man mich auch geschlagen hat. Wer diese Leute waren, weiß ich nicht. In der Stadthalle wurde mein Gepäck durchsucht; auch mußte ich mich einer körperlichen Durchsuchung unterziehen... Dabei wurden uns vor allem auch viel Lebensmittel weggenommen, obwohl man uns vorher gesagt hatte, wir könnten uns für 4 Wochen mit Lebensmitteln eindecken, da wir uns so lange selbst versorgen müßten. Nachdem diese Prozedur überstanden war, kam ich in einen großen Saal zu den anderen. Nachts wurden wir durch SS zum Bahnhof Aumühle verbracht und ... in das Lager Langwasser bei Nürnberg transportiert. Ich war kaum ... in die Baracke eingewiesen, als ich durch SS geschlagen und dann zum Latrinenreinigen herangezogen wurde ... Von Langwasser ging dann ein Transport von ... ungefähr 1000 Mann ... nach dem Osten. Man trieb uns in die Wagen hinein, ohne Rücksicht auf Familiengemeinschaften zu nehmen. Die Wagen wurden verschlossen. Wir hatten kein Wasser. Während des ganzen Transportes von ungefähr 3 Tagen durfte ich nur zweimal Wasser holen in Begleitung von SS. Ich bekam öfters Schläge, wenn ich den Posten bat, daß ich Wasser holen dürfe. Die Wagen waren nicht geheizt.
Nach etwa 3 Tagen wurden wir auf dem Bahnhof Schirotawa, einem Ort hinter Riga, ausgeladen und von der SS gleich mit Schlägen empfangen. Es fielen auch Schüsse.

Quellenangabe:
H. G. Adler, Der verwaltete Mensch. Studien zur Deportation der Juden aus Deutschland. Tübingen 1974

Antisemitismus auf dem Dorfe

Brief eines Ortsgruppenleiters der NSDAP, 17. 3. 1942

Verhalten des Halbjuden Regensburger.
Der obige Halbjude ist der Sohn der Jüdin Sara Nelly Regensbur-

ger. Derselbe hat einige Jahre vor dem Kriege ein in der Gemeinde wohnhaftes Mädchen geschwängert u. diese Leistung mit 2 Jahren Gefängnis abgebüßt. Derselbe ist mit uns aufgewachsen, jedoch jüdisch erzogen, u. erlernte das Bäckerhandwerk bei dem Bäckermeister Anton Schulz, hier. Er verbrachte dort seine Lehrzeit u. ist heute noch dort als Bäcker und landwirtschaftlicher Arbeiter tätig. Auch findet dessen Mutter Beschäftigung im Haushalt der Schulz. Die noch weiteren hier seßhaften 2 Judenweiber, nahezu 70 u. über 70 Jahre alt, ernähren sich ebenfalls bei ihren Jugendfreundinnen durch milde Gaben. Gearbeitet haben diese noch nie im Leben. Kann man uns diesen Rest von Juden nicht abnehmen!

Nach Rücksprache mit Pg. Scheingraber habe ich nun die 2 Judenfamilien zusammen gelegt, so daß das Wohngebäude der Regensburger frei wurde. Ich lasse dieses z. Z. reinigen und tünchen von meinem Gefolgschaftsmitglied Oskar Recht, B. Der obige Jude sah sich bei dieser Gelegenheit einmal in seiner Dreckbehausung um. Die Mutter des Recht, Frau Anna Recht, nebenan wohnend, sagte zu diesem: Der richtet deine Dreckbude zusammen, darauf erwiderte der Obige: Nun ja, der soll sie nur zusammen richten, wenn wir wieder rein kommen, daß sauber ist. Darauf erwiderte Frau Recht, bei dem Herrgott nicht, worauf Regensburger sagte, das weiß man halt nicht.

Es ist dieses eine Frechheit von diesem Halbjuden mit jüdischem Aussehen.

Daß dieses der Gedanke vieler Juden ist, ist an ihrem Benehmen an der Baustelle deutlich zu sehen, aber dieses zu äußern geht über die Schnur.

Ich bitte deshalb um baldige Versetzung dieses frechen Halbjuden, obwohl nicht abgestritten wird, daß dieser arbeitswillig ist. Die entstehende Arbeitslücke wird auch ausgefüllt werden können, u. wir müßten nicht für die Dauer Brot essen, das von Judenhänden geformt wurde.

Quellenangabe:
H. G. Adler, Der verwaltete Mensch. Studien zur Deportation der Juden aus Deutschland. Tübingen 1974

Endlösung

Utopien

Als Adolf Eichmann im Oktober 1939 mit seinem Referat IV B 4 (Judenangelegenheiten, Räumungsangelegenheiten) des Amtes IV (Gestapo) die Räume des ehemaligen Logenhauses in der Berliner Kurfürstenstraße 116 bezog, hatte er noch keine Ahnung, daß er hier die Kommandozentrale der künftigen Judenvernichtung etablierte. Das Konzept der SS-Judenpolitik hieß noch immer »Auswanderung«. Und Eichmann hielt sich an dieses Konzept. Doch nachdem der Krieg begonnen hatte, gab es kaum noch Auswanderungsmöglichkeiten. Einige wenige schafften den Sprung über neutrale Länder, einige Gruppen sogar über Rußland und Japan nach Amerika. Allmählich fiel Eichmann und seinen Mitarbeitern auf, daß sich kaum noch ein jüdischer Antragsteller in seinem Büro in der Kurfürstenstraße meldete. »Tendenz lustlos«, schrieb er in sein Tagebuch.

Einerseits war Eichmann ein subalterner Funktionär, der Eigenentscheidungen aus dem Wege ging, andererseits hatte er eine ausschweifende Phantasie, die sich gern in utopischen Vorstellungen erging. Der erfolgreiche Abschluß des Polenfeldzuges gab seiner Phantasie Nahrung.

Gemeinsam mit seinem Mitarbeiter Stahlecker schlug Eichmann vor, im äußersten Osten des polnischen Reststaates, des »Generalgouvernements«, zwischen Lublin und Krakau, um das Städtchen Nisko am San herum, ein jüdisches »Reservat« zu errichten, ähnlich den Indianerreservaten in Amerika. Hier sollten alle Juden aus Deutschland, den annektierten Gebieten Polens und des »Generalgouvernements« hingeschafft werden und sich ansiedeln. In seiner Phantasie sah Eichmann sich bereits als Gouverneur eines halbautonomen Judenstaates.

Bereits Anfang Oktober begannen die ersten Transporte mit Baumaterialien nach dem Eichmann-Utopia Nisko zu rollen. Ingenieure kamen und die ersten 4000 Zwangssiedler, die Einheiten der Sicherheitspolizei in Wien und Prag zusammengetrieben hatten.

Dann setzte die Polizei zur Jagd auf die Juden in den annektierten Ostgebieten an. 87 000 Juden aus der Provinz Posen und dem neuen »Warthegau« wurden vertrieben und ins »Generalgouvernement« gejagt, wo sie zunächst in städtischen Ghettos konzentriert werden sollten. Im Februar 1940 kam sogar der erste Judentransport aus dem »Altreich« nach Nisko, 1200 Juden aus Stettin. Die brutale Art und Weise, wie man diese Juden verfrachtete, löste aber bei der Bevölkerung und bei Journalisten des neutralen Auslandes einige Beunruhigung aus. Aus »optischen« Gründen wurden deshalb vorläufig weitere Transporte aus dem Altreich untersagt.
Inzwischen hatten die SS-Utopisten noch einen weiteren Gegner gefunden, den Generalgouverneur von Polen, Hans Frank. Frank rebellierte gegen die Transporte in seinen Machtbereich. Ihm paßte es nicht, daß er allein die Juden ins Generalgouvernement aufnehmen sollte, dessen Ernährungsgrundlage ohnehin schmal war. Frank reiste nach Berlin und protestierte bei Göring. Er hatte Erfolg. Göring ordnete an, daß Juden künftig nur noch mit Franks Genehmigung nach Polen geschickt werden durften, und diese Genehmigung wurde selten erteilt. Eichmanns Traum von einem jüdischen »wilden Osten« war ausgeträumt. Im April 1940 wurde die Barackenstadt von Nisko aufgelöst.
Nach dem Sieg über Frankreich im Sommer 1940 gewann ein noch phantastischerer Plan antisemitischer Utopisten Gestalt: Frankreich, so forderten sie, solle seine ostafrikanische Kolonie Madagaskar an Deutschland abtreten und die französische Bevölkerung evakuieren. Dann sollten dort 4 Millionen Juden angesiedelt werden und sich unter der Aufsicht eines Gouverneurs des Sicherheitsdienstes selbst verwalten.
Eichmann verliebte sich geradezu in das Projekt. Er verfaßte Expertisen für Heydrich und Himmler, die auf das Wohlwollen seiner Chefs stießen. Aus dem Pariser Kolonialministerium ließ er sich Unterlagen über Madagaskar kommen und vergrub sich in historische und geographische Studien. Mit seinem Freund Rajakowitsch fuhr er ins Hamburger Tropeninstitut, um die klimatischen Bedingungen zu erkunden.
Wieder sah er sich als künftiger Gouverneur eines Judenstaates. Er machte sich schon Gedanken über Produktion, Wirtschaft und Finanzen, errechnete Verdienste, die dem Deutschen Reich und

seiner Wirtschaft durch die neue Judenkolonie entstehen würden. Die Gedankenspielereien wurden so ernsthaft betrieben, daß hohe Nazifunktionäre bereits an ihre unmittelbar bevorstehende Ausführung glaubten. Im Juli 1940 verkündete Hans Frank befriedigt, die Judentransporte nach Westpolen würden nun wohl aufhören, da »alle Juden in absehbarer Zeit nach Madagaskar befördert werden«. Im Oktober 1940 schoben die Gauleiter Bürckel und Wagner 6500 Juden aus den Gauen Baden und Saarpfalz mit neuen Transportzügen ins unbesetzte Frankreich ab. Die Proteste der französischen Regierung ließ das Außenministerium unbeantwortet. Den Juden wurde gesagt, sie würden nur vorübergehend in Frankreich bleiben, um bald in einem »autonomen Judenstaat« auf Madagaskar angesiedelt zu werden. Sogar Insassen von Altersheimen gehörten zu den Abgeschobenen, darunter ein 97jähriger Mann aus Karlsruhe. Von den Franzosen wurden die Juden in Lagern bei Aix-en-Provence und in den Pyrenäen interniert. Nach der völligen Besetzung Frankreichs im Herbst 1942 traten die Unglücklichen endlich die Weiterreise an – nicht nach Madagaskar, sondern nach Auschwitz.

Die Euphorie, die der Madagaskar-Plan ausgelöst hatte, schwand rasch, als sich im Herbst 1940 noch kein Ende des Krieges abzeichnete. Jetzt ging man zunächst dazu über, im Generalgouvernement sogenannte Großghettos zu schaffen, in denen alle Juden aus den annektierten Gebieten und aus den Landgebieten Restpolens gebracht werden sollten. Die Vorbereitungen waren durch Verordnungen bereits geschaffen worden: Einführung des Arbeitszwanges für Juden, Kennzeichnung durch Abzeichen oder Armbinden mit dem Davidstern (auch der Geschäfte), Reiseverbot, Aufenthaltsbeschränkungen. In allen Gemeinden wurden Judenräte gebildet, die den deutschen Behörden für die Evakuierung der Juden in die vorgesehenen Ghettos verantwortlich waren. Großghettos entstanden in Warschau, Lodz, Krakau, Lublin, Radom und Lemberg. Die Wohnbezirke wurden »geschlossen«, das heißt mit Mauern oder Stacheldrahtzaun umgeben. Infolge von Überfüllung, Seuchen und Unterernährung war die Sterblichkeitsziffer ungeheuer. Allein im Warschauer Ghetto starben im Jahre 1941 über zehn Prozent der Bevölkerung an Hunger und Krankheit. Abgesehen von einigen Massenexekutionen, die als

Hinrichtungen von »Saboteuren, Spionen, Schmugglern und Dieben« verschleiert wurden, gab es zu jener Zeit noch keine Pläne für eine »aktive« Massenvernichtung. Die Nazis vertrauten zunächst auf die »natürliche« Dezimierung in den Ghettos, die durch Hunger und Seuchen zu erwarten war. Einige Male wurde 1940 der Versuch gemacht, Tausende von Juden über die Demarkationslinie in die Sowjetunion abzuschieben. Die Russen protestierten jedoch und schickten die meisten wieder zurück, so daß auch dieser Plan einer »Entjudung« Polens aufgegeben werden mußte.

Deutschlands Juden werden zu Heloten

1941 lebten in Deutschland noch immer etwa 180 000 Juden in prekären Verhältnissen. Gleich nach Kriegsbeginn hatte man ihnen die Radioapparate weggenommen. Sie durften auch keine neuen mehr erwerben. (Bezeichnend für den grotesken Perfektionismus der deutschen Bürokratie ist eine amtliche Anordnung, die 1943 (!), als kaum noch Juden in Deutschland lebten, geschweige denn einen Radioapparat besaßen, bestimmte, daß Juden keine Ermäßigung der Rundfunkgebühren beantragen dürften.)
Juden durften – auch auf ihre Lebensmittelmarken – keine Schokolade kaufen, sie erhielten keine Kleiderkarte, keine Bezugscheine für Schuhe. Ihre Lebensmittelkarten wurden mit einem »J« gestempelt. Im Mai 1940 wurde für Juden eine Ausgangssperre zwischen 9 Uhr abends und 5 Uhr morgens, im Winter zwischen 8 Uhr abends und 6 Uhr morgens angeordnet. Einkäufe durften sie nur zwischen 15.30 und 17 Uhr tätigen. In einigen Städten wie Frankfurt durften sie nur in ganz bestimmten Geschäften einkaufen. Ende August 1940 wurden die Telefone der Juden eingezogen. Obgleich die meisten finanziell schon am Rande des Existenzminimums lebten, mußten sie seit Februar 1940 sogar noch eine Sondersteuer von 15 Prozent ihres Nettoeinkommens an das Deutsche Reich bezahlen.
Im Oktober 1940 verloren Juden jeden arbeitsrechtlichen Schutz. In der Verordnung hieß es: »Juden, die arbeiten, stehen in einem Beschäftigungsverhältnis eigener Art.« Sie hatten nur Anspruch

auf Bezahlung für »tatsächlich geleistete Arbeit«. Lohnfortzahlung im Krankheitsfall kam für Juden nicht in Frage. Es wurde auch kein Urlaub gewährt, sondern in begründeten Fällen »unbezahlte Freizeit«. Eine Kündigung von seiten des Arbeitgebers war jederzeit zum Ende des jeweiligen Arbeitstages möglich. Andererseits durfte ein Jude nur mit Erlaubnis des Arbeitsamtes seine Stellung wechseln. Auch das Jugendarbeitsschutzgesetz galt nicht für Juden. Sie durften auch nicht als Lehrlinge beschäftigt werden.
Das Jahr 1941 brachte die letzte Eskalation in der Entrechtung der noch in Deutschland und Österreich lebenden Juden. Im September wurde die »Polizeiverordnung über die Kennzeichnung der Juden« erlassen. Jeder Jude vom 6. Lebensjahr an mußte an seiner Kleidung sichtbar den gelben Davidstern mit der Aufschrift »Jude« tragen. Dazu gehörten auch »Mischlinge«, die sogenannte »Glaubensjuden« waren, also der jüdischen Religionsgemeinschaft angehörten. Ausgenommen waren lediglich Jüdinnen, die mit einem »Arier« verheiratet waren, und Juden, die eine nichtjüdische Ehefrau hatten (im letzteren Falle aber nur, wenn aus der Ehe Kinder hervorgegangen waren).
Mit der Kennzeichnungsverordnung hagelten weitere demütigende Vorschriften auf die Juden herab: Juden durften ihren Wohnort ohne schriftliche Erlaubnis der Ortspolizei nicht mehr verlassen. Diese Erlaubnis war beschränkt auf 7 Kilometer weite Fahrten zum Arbeitsplatz. Ansonsten durften sie keine öffentlichen Verkehrsmittel benutzen. Bei erlaubten Fahrten durften sie keine Sitzplätze einnehmen. Sie durften keine Gaststätten aufsuchen, auch keine Bahnhofsrestaurants und Warteräume, keine Grünanlagen und Wälder betreten, keine Bücher, Zeitschriften und Zeitungen kaufen, keine »arischen« Friseure in Anspruch nehmen, keine Haustiere (wozu auch Wellensittiche und Zierfische zählten) mehr halten.
Im Januar 1942 mußten Juden entschädigungslos alle Kleidungsstücke aus Pelz abliefern, dann alle elektrischen und optischen Geräte, Fahrräder, Schreibmaschinen und Schallplatten. Im Juli 1942 wurden sämtliche jüdischen Schulen geschlossen und, wie es im Amtsdeutsch hieß, »jegliche Beschulung jüdischer Kinder« untersagt.
Juden, die noch im Sommer 1943 in Deutschland lebten, weil ihre

Tätigkeit in der Rüstungsindustrie sie bisher vor dem Abtransport bewahrt hatte, verloren nun auch den letzten formalen Rechtsschutz. Die 13. Verordnung zum Reichsbürgergesetz bestimmte lapidar: »Strafbare Handlungen von Juden werden durch die Polizei geahndet.«
Im Jahre 1941 wurde die endgültige Deportation der Juden aus dem deutschen Reichsgebiet »nach Osten« beschlossene Sache. Ihr restliches Vermögen, ihr noch vorhandener Besitz sollte dem Deutschen Reich verfallen. Die Bürokraten in den Verwaltungsapparaten des Dritten Reiches brauchten dazu aber einen legalistischen Vorwand. (Es ist Tatsache, daß deutsche Beamte in der Ministerialhierarchie jedes von den Nazis ausgebrütete Unrecht zwar »mit großen Bedenken«, aber stillschweigend duldeten, solange dieses Unrecht in die Paragraphen einer »Gesetzesverordnung« gekleidet war. Daraus ist auch das pathologisch gute Gewissen vieler ehemaliger Beamter des Dritten Reiches zu begreifen.)
Die »11. Verordnung zum Reichsbürgergesetz« vom 25. November 1941 entzog den Juden die deutsche Staatsangehörigkeit. Laut Paragraph 2 dieser Verordnung verlor ein Jude, der »seinen gewöhnlichen Aufenthalt im Ausland« hatte, seine Staatsangehörigkeit. Sein Vermögen verfiel dem Reich. Dasselbe galt für Juden, »die ihren gewöhnlichen Aufenthalt später im Ausland nehmen, mit der Verlegung des gewöhnlichen Aufenthalts ins Ausland«. Als »Ausland« galten nach der Durchführungsbestimmung auch alle »besetzten Gebiete, insbesondere auch das Generalgouvernement und die Reichskommissariate Ostland und Ukraine«, also die von deutschen Truppen eroberten Gebiete der Sowjetunion. Die Perfidie des »Gesetzes« wurde durch das nüchterne Beamtendeutsch noch makabrer. Ein deutscher Jude, der von SS-Leuten auf dem Bahnhof seiner Heimatstadt mit Hunderten anderen in einen Viehwagen geprügelt wurde, um ins Ghetto von Warschau oder Lublin transportiert zu werden, »nahm seinen Wohnsitz im Ausland« und verlor aus diesem Grunde seine Staatsangehörigkeit, seine Ersparnisse und alles bis auf den Anzug, den er auf dem Leibe trug.
Seit September 1941 liefen die deutschen Juden als Gezeichnete, als »Unberührbare« durch die Straßen. Und plötzlich wurden die Kirchen, die bisher geschwiegen hatten, mit der Judenfrage kon-

frontiert. Seit den Septembertagen konne man bei den Gottesdiensten der katholischen und evangelischen Kirchen Gläubige beobachten, die einen Judenstern trugen. Einige Geistliche verkündeten von der Kanzel, die Judenchristen hätten das gleiche Heimatrecht in der Kirche wie die anderen Gemeindemitglieder und warnten die Gläubigen davor, sich gegen die Christen mit dem Judenstern zu stellen. Solche Appelle waren erforderlich. Viele »Christen« waren bei ihren Ortsgeistlichen vorstellig geworden und hatten verlangt, die Gezeichneten vom gemeinsamen Gottesdienst auszuschließen. Es wäre für sie unzumutbar, neben einem Juden die heilige Kommunion zu empfangen. Die meisten Kirchen mußten dem Druck ihrer eigenen »christlichen« Gläubigen nachgeben, für Judenchristen besondere Gottesdienste veranstalten oder besondere Hinterbänke für die Gezeichneten reservieren, damit die »arischen« Gläubigen nicht belästigt würden. Nur wenige Geistliche bewiesen in der Frage der Judenchristen öffentlichen Mut, unter ihnen Kardinal Bertram, Erzbischof von Breslau, und Kardinal Innitzer, Erzbischof von Wien.
Ende 1941 waren die deutschen Juden bürgerlich tot. Ihre physische Vernichtung war nur noch eine Frage der Zeit. In Rußland und Polen hatte sie für die dortigen Juden bereits begonnen.

Die »Endlösung« bahnt sich an

Am 23. Juni 1941, einen Tag, nachdem Hitler die Sowjetunion überfallen hatte, brachen die SS-Einsatzgruppen, die seit dem April des Jahres von Heydrich und Himmler aufgestellt worden waren, hinter der kämpfenden Wehrmacht in Rußland ein. Ihr Auftrag: »Die Beseitigung der jüdisch-bolschewistischen Intelligenz, die Vernichtung von Bolschewistenhäuptlingen, Kommissaren, vor allem aber allen Juden, die die Sicherheit der Truppe durch ihre Existenz gefährden.« So hatte Hitler die Umrisse seines Befehls schon im März 1941 festgelegt. Die Mordkommandos legten den Befehl so großzügig aus, daß die jüdische Bevölkerung ganzer Städte und Dörfer, einschließlich Frauen und Kindern, als sicherheitsgefährdend in Massen umgebracht wurden. Die jüdi-

schen Gemeinden waren so arglos gewesen, daß mancherorts die Deutschen als »Befreier« begrüßt wurden. Vielfach hatten die Juden unter dem latenten Antisemitismus der russischen Kommunisten zu leiden gehabt. Daß die Nazis Judenfeinde waren, hatten sie in der sowjetischen Presse nur selten gelesen.
Das Judentum Rußlands versank in einem Meer von Scheußlichkeiten. Die einzelnen Einsatzgruppen versuchten, sich gegenseitig mit ihren Erfolgsberichten auszustechen. Hier ein paar Beispiele: »Arbeitsbereich der Teilkommandos judenfrei gemacht. Gesamtsumme: 79 276.« – »Sonderkommando 4a hat bis zum 6. 9. 41 insgesamt 11 328 Juden erledigt.« Oder: »Insgesamt wurden 34 289 Juden (Männer, Frauen, Jugendliche) in der Berichtszeit erfaßt und liquidiert.« Hinter diesen kalten, nüchternen Zahlen stehen grauenvolle Bilder: Leichengruben, nackte Menschen vor Maschinengewehren, Kleinkinder und Säuglinge auf den Armen der Mütter, Todesangst, Schreie und Blut. Die Opfer wurden mit Schlägen angetrieben, bettlägerige Kranke, gehunfähige Greise auf Tragbahren an die Hinrichtungsgruben geschafft.
Der SS-Obergruppenführer Friedrich Jeckeln erfand eine zeitsparende Hinrichtungsmethode, die den zynisch-makabren Namen »Sardinenpackung« erhielt. Die ersten Opfer mußten in die ausgehobene Grube springen und sich nebeneinander mit dem Gesicht zur Erde legen. War die Reihe voll, wurden die Menschen vom Grubenrand aus mit Maschinenpistolen erschossen. Die nächsten Opfer mußten sich auf die bereits Erschossenen legen, mit dem Kopf zwischen die Füße der Toten. Wer weinte, flehte oder schrie, wurde mit Tritten in die Grube befördert. Je höher sich die Leiber in den Gruben stauten, desto höher spritzten Blut und Hirnmasse auf Hände, Gesichter und Uniformen der SS- und Polizeihenker.
Nach vorsichtigen Schätzungen hatten die Einsatzgruppen bis Ende 1941 rund 500 000 Juden in den okkupierten Gebieten Rußlands umgebracht.
Jeckeln fand später sein verdientes Schicksal. Von einem sowjetischen Gericht zum Tode verurteilt, wurde er am 3. Februar 1946 in Riga, dem Hauptort seiner Vernichtungsarbeit, gehängt. Seine Verteidigung: »Ich habe doch nur Befehle ausgeführt!«
Offiziell wurde die Arbeit der Henkertruppen als »Partisanenbekämpfung« getarnt. Doch nur die wenigsten der erschossenen

Juden waren Partisanen. Als Mussolini den Reichsführer-SS Heinrich Himmler einmal argwöhnisch fragte, er hätte erfahren, daß bei den Partisanenhinrichtungen in Rußland auch Frauen und Kinder erschossen würden, ob dies tatsächlich zutreffe, da meinte der SS-Chef ausweichend, leider hätte sich oft herausgestellt, daß Frauen und Kinder die Partisanen durch Botengänge und andere Hilfeleistungen unterstützten. So schwer es fiele, man müsse sich zur Gewährleistung der Sicherheit auch dieser »Elemente« entledigen. »Überall sind die Juden Träger der Sabotage, Spionage und der Bandenbildung.«
Zum ersten Mal fanden im November 1941 auch Vernichtungen deportierter Juden aus dem Reich statt. Einige Transporte aus deutschen Städten wurden nach Riga, Minsk und Kowno geleitet. Sie wurden aber nicht, wie ursprünglich geplant, in Ghettos und Lager eingewiesen, sondern gleich in die dortigen Massaker mit einbezogen.
Die Judenerschießungen der SS-Einsatzgruppen und ihrer Hilfstruppen aus Ukrainern, Polen und Litauern waren übrigens durchaus nicht so geheim, wie es heute von Teilen des deutschen Volkes gern behauptet wird. Der Satz »Von alledem hatten wir keine Ahnung« mag sicher für die spätere Massenvernichtung in den Gaskammern von Auschwitz und Majdanek zutreffen, nicht aber für die Massenexekutionen der Einsatzgruppen. Mehrere Mordaktionen wurden sogar in der Wochenschau in den Kinos gezeigt. Die Einsatzkommandos überließen die Hinrichtungen gern einheimischen Exekutionskommandos und freigelassenen Verbrechern aus der Bevölkerung, wie zum Beispiel mehrmals in Riga. Dieser Massenmord wurde dann als »Lynchjustiz« getarnt. Die deutsche Wochenschau vom 19. bis 26. Juli 1941 zeigte eine solche Lynchexekution. Aus dem Bericht des Sicherheitsdienstes über die Aufnahme durch die Bevölkerung: »Die Lynchjustiz der Rigaer Bevölkerung an den Juden wurde mit aufmunternden Ausrufen begleitet!«
Daß der deutschen Bevölkerung die Massenexekutionen nicht verborgen geblieben sein konnten, zeigt ein weiterer Bericht des SD vom 19. April 1943, in der es um die Reaktion der Bevölkerung auf die Entdeckung der Massengräber von Katyn geht, wo die Russen offenbar 1939 einen großen Teil des polnischen Offiziers-

korps umgebracht hatten. Schreibt der SD-Berichter: »Manche Volksgenossen meinten, wir hätten kein Recht, uns so über die Sowjets aufzuregen, weil deutscherseits in viel größerem Umfang Polen und Juden beseitigt worden sind.« (Die SD-Berichter hatten den Auftrag, sich unauffällig in Kinos, Gaststätten usw. unter die Bevölkerung zu mischen und über die Stimmungslage zu berichten, ohne jemals als agents provocateurs in Erscheinung zu treten. Ihre Berichte sind deshalb meist sehr objektiv und geben relativ zuverlässige Auskunft über die Meinungen der Bevölkerung.)
Trotz der Massenabschlachtungen unter der jüdischen Bevölkerung in Rußland war der Entschluß zu einer planmäßigen Ausrottung *aller* Juden seitens der höchsten NS-Führung bis Ende 1941 noch nicht endgültig gefallen. Zwar tauchte der Begriff »Endlösung« schon seit Anfang des Jahres in verschiedenen Korrespondenzen auf, es ist aber nach neueren Untersuchungen sehr fraglich, ob damit bereits die planmäßige physische Vernichtung gemeint war. Die anfänglichen Erfolge im Rußlandfeldzug ließen viele der unmittelbar in die Judenfrage verwickelten Naziführer wie Göring, Goebbels, Frank und Rosenberg, selbst Himmler und Heydrich unter »Endlösung« folgendes verstehen: Abschiebung aller Juden – aus Deutschland, Österreich, dem »Reichsprotektorat« und Polen »nach Osten«, und zwar möglichst weit »nach Osten« ins ehemalige Herrschaftsgebiet der sicher bald niedergeworfenen Sowjetunion.
Nach einer sehr sorgfältigen Untersuchung des Historikers Martin Broszat, die dieser in den Vierteljahresheften für Zeitgeschichte im Oktober 1977 vorlegte, kann man heute als nahezu sicher annehmen: Den Entschluß zur planmäßigen, institutionalisierten Ausrottung des Judentums hat Hitler nicht vor dem Spätherbst des Jahres 1941 gefaßt. Die Ende 1941 festgelaufene Ostoffensive hatte zu einer Verlangsamung und Reduzierung der ursprünglichen Deportationspläne geführt. Trotzdem wollte Hitler den Plan der »großen Evakuierung« nicht stoppen. Jetzt erhielt die »Endlösung« ihren eigentlichen Akzent: den des geplanten, generalstabsmäßig vorbereiteten Völkermordes, der nicht mehr wie bisher durch »Sicherheitserwägungen« oder »Partisanenbekämpfung« kaschiert werden mußte. Broszat: »Die Judenvernichtung entstand, so scheint es, nicht nur aus vorgegebenem Vernichtungswil-

len, sondern auch als ›Ausweg‹ aus einer Sackgasse, in die man sich selbst manövriert hatte. Einmal begonnen und institutionalisiert, erhielt die Liquidierungspraxis jedoch dominierendes Gewicht und führte schließlich faktisch zu einem umfassenden ›Programm‹.«

Eine neue Phase des Massenmordes begann. Aus den mobilen Mörderkommandos der Einsatzgruppen wurden jetzt stationäre Todesfabriken. Die grausige Herrschaft der Gaskammern setzte ein.

Den Anstoß gab der SS-Gruppenführer Arthur Greiser, Gauleiter und Reichsstatthalter des westpolnischen »Warthegaues«, der 1939 vom Deutschen Reich annektiert worden war. Im äußersten Zipfel des Warthegaues lag Lodz, das in Litzmannstadt umbenannt worden war und nun – obgleich eine rein polnische Stadt – nicht zum Generalgouvernement, sondern zum Reichsgebiet gehörte. In Lodz aber befand sich ein großes Ghetto mit mehr als 100 000 Juden. Greiser wollte seinen Gau »judenfrei« machen und bat Himmler und Heydrich, ihm bei der Lösung seines Problems zu helfen. Der SS-Hauptsturmführer Lange traf Ende des Jahres mit einer Reihe von Gaswagen, die schon bei den Einsatzgruppen benutzt worden waren, in einem alten Schloß bei Kulmhof (Chelmno), 60 Kilometer nordwestlich von Lodz, ein. Im Dezember 1941 begann das Kommando Lange mit drei Gaswagen seine Vernichtungsarbeit.

Die Juden aus dem Ghetto von Lodz – darunter etwa 20 000, die aus deutschen Städten dorthin gebracht worden waren – wurden mit der Bahn nach Chelmno verfrachtet, dort in Lastwagen abgeholt und zum Schloß gebracht. Dort mußten sie sich völlig auskleiden und einen geschlossenen Lkw besteigen, der sie angeblich zum Duschen bringen sollte. Kaum waren die Türen des Wagens zugeschlagen, leitete ein Schlauch Auspuffgase in den Laderaum und tötete die Opfer. Ein Sonderkommando ausgewählter Juden, die sich damit das Privileg erkauften, etwas länger leben zu dürfen, stand bereit und beförderte die getöteten Juden in ein vorbereitetes Massengrab.

Doch die primitive Vergasungsanlage funktionierte nicht immer so schnell wie geplant. Manchmal dauerte der Todeskampf Stunden. Einige Male waren Opfer sogar noch am Leben, wenn die Türen geöffnet wurden.

Die Massentorturen von Chelmno, die entsetzlichen Quälereien, waren für die Todesspezialisten der SS ein »Experiment«. Zwar war Adolf Eichmann übel geworden, als er einmal Zeuge einer Vergasung wurde, aber die Leiden der Menschen interessierten die SS-Beamten nicht so sehr. Für sie war das Experiment ein Fehlschlag, weil diese Vernichtungsmethode zu zeitraubend war. Man müßte eine Möglichkeit finden, sie zu beschleunigen. Techniker der SS und deutsche Spezialfirmen wurden aufgefordert, auf der Grundlage des Vergasungsprinzips schneller und zuverlässiger arbeitende Einrichtungen zu entwickeln. Himmler schwebte bereits folgendes vor: Auf dem Territorium des ehemaligen polnischen Staates sollte sich eine ganze Kette von Todesfabriken erheben, um in mehreren Jahren sämtliche Juden Europas schnell, reibungslos und wohlorganisiert auszurotten. Der Begriff »Endlösung« hatte seinen endgültigen Inhalt gefunden. Diese Aktionen müßten natürlich getarnt werden und streng geheim bleiben. Die Wörter »Tötung«, »Vernichtung«, »Ausrottung« usw. durften niemals in offizieller Korrespondenz auftauchen. Sie mußten euphemistisch umschrieben werden. In Frage kamen Begriffe wie »Evakuierung«, »Aussonderung«, vor allem aber das notorisch gewordene Wort »Sonderbehandlung«. Auch konnte man nicht umhin, sich die Kooperation einer Reihe von Dienststellen außerhalb der SS zu sichern, die man aus organisatorischen Gründen gar nicht umgehen konnte. Man mußte ihnen den Plan so vorsichtig und verschleiert wie möglich entwickeln. Heydrich berief eine Sitzung ein.

Die Konferenz am Wannsee

Am 20. Januar 1942 eröffnete Heydrich im Gebäude der Interpol am Großen Wannsee 56–58 in Berlin jene entscheidende Konferenz, die unter dem Namen »Wannsee-Konferenz« in die Geschichte eingehen sollte. Anwesend waren Vertreter aller »zuständigen« Behörden. Das Außenministerium war ebenso vertreten wie die Ministerien für Justiz, Inneres, das Amt für den Vierjahresplan, die Reichskanzlei und die Funktionäre der einzelnen SS-Dienststellen. Zunächst betonte Heydrich, die »Federfüh-

Im Warschauer Ghetto wurden auf nur vier Quadratkilometern ca. 500 000 Juden hinter Mauern und Viehgattern eingesperrt. Unbeschreibliche Verhältnisse herrschten hier, Hunger, Krankheit, Seuchen.

Nicht alle Mitglieder der Familie Weiss nehmen das Verfolgtenschicksal widerstandslos hin. Onkel Moses Weiss kämpft im Warschauer Ghetto-Aufstand, Sohn Rudi geht zu den Partisanen in die Wälder.

Im Vernichtungslager Sobibor, wohin Rudi Weiss nach dem Tod seiner Frau und seiner Gefangennahme durch die SS verschleppt worden ist, beteiligt er sich an einer Häftlingsrevolte. – Szenen aus »Holocaust«.

Der Warschauer Ghetto-Aufstand bedeutete für die Juden den Abschied von einer zweitausendjährigen Geschichte klaglos ertragenen Leidens. 29 Tage lang boten sie den Truppen des SS-Generals Stroop Widerstand.

Im Warschauer Ghetto wurden auf nur vier Quadratkilometern ca. 500 000 Juden hinter Mauern und Viehgattern eingesperrt. Unbeschreibliche Verhältnisse herrschten hier, Hunger, Krankheit, Seuchen.

Nicht alle Mitglieder der Familie Weiss nehmen das Verfolgtenschicksal widerstandslos hin. Onkel Moses Weiss kämpft im Warschauer Ghetto-Aufstand, Sohn Rudi geht zu den Partisanen in die Wälder.

Im Vernichtungslager Sobibor, wohin Rudi Weiss nach dem Tod seiner Frau und seiner Gefangennahme durch die SS verschleppt worden ist, beteiligt er sich an einer Häftlingsrevolte. – Szenen aus »Holocaust«.

Der Warschauer Ghetto-Aufstand bedeutete für die Juden den Abschied von einer zweitausendjährigen Geschichte klaglos ertragenen Leidens. 29 Tage lang boten sie den Truppen des SS-Generals Stroop Widerstand.

rung bei der Bearbeitung der Endlösung der Judenfrage liege ohne Rücksicht auf geographische Grenzen zentral beim Reichsführer SS und Chef der deutschen Polizei«.
Heydrichs Sprache war zunächst sehr verschleiert. Nach der Auswanderungspolitik der vergangenen Jahre gäbe es nunmehr als Lösungsmöglichkeit der Judenfrage die Evakuierung der Juden nach dem Osten. Hier habe man bereits jene praktischen Erfahrungen gesammelt, die im Hinblick auf die kommende Endlösung der Judenfrage von wichtiger Bedeutung seien. Nach Schätzungen des Reichssicherheitshauptamtes kämen für »die Endlösung der europäischen Judenfrage« rund 11 Millionen Juden in Betracht. (Interessant ist, daß die SS bei ihren Berechnungen auch die Juden in England, Irland und der Türkei mitgezählt hatte.)
Dann kam Heydrich zum entscheidenden Punkt: »Unter entsprechender Leitung sollen im Zuge der Endlösung die Juden in geeigneter Weise im Osten zum Arbeitseinsatz kommen. In großen Arbeitskolonnen, unter Trennung der Geschlechter, werden die Juden straßenbauend in diese Gebiete geführt, wo zweifellos ein Großteil durch natürliche Verminderung ausfallen wird. Der allfällig endlich verbleibende Restbestand wird, da es sich bei diesem zweifellos um den widerstandsfähigsten Teil handelt, *entsprechend behandelt werden müssen,* da dieser, eine natürliche Auslese darstellend, bei Freilassung als Keimzelle eines neuen jüdischen Aufbaus anzusprechen ist.« (Hervorhebung vom Autor.)
Auch die regionale Zeitfolge der Endlösung kam am Wannsee zur Sprache. Die Juden aus dem Gebiet des »Generalgouvernements« sollten den Anfang machen. Da sei die Mehrzahl ohnehin arbeitsunfähig, andererseits würden sie in den Ghettos eine Seuchengefahr bilden. Die freiwerdenden Plätze in den Ghettos könnten dann mit Juden aus Deutschland, Österreich, dem »Protektorat« und anderen Teilen Europas »allfällig« aufgefüllt werden und der Prozeß dann von vorn beginnen. Schließlich sollten die Ghettos dann nur noch als Transitlager für die Endlösung dienen.
Für einen bestimmten Personenkreis schlug Heydrich eine andere Regelung vor: Juden im Alter von über 65 sollten zunächst nicht evakuiert (sprich: getötet) werden, sondern einem Altersghetto in Theresienstadt »überstellt« werden. Ebenso schwerkriegsbeschädigte Juden und solche mit Kriegsauszeichnungen ab dem Eisernen

Kreuz Erster Klasse. Dieses »privilegierte« Ghetto sollte auch für Juden bestimmt werden, die weitreichende Beziehungen hätten, einen international berühmten Namen trügen oder mit »Ariern« verwandt seien. Damit würde der übrigen »Evakuierung« auch eine gewisse Tarnung verliehen. Mit Theresienstadt könne man einer eventuell zu erwartenden »Greuelpropaganda« entgegentreten.

Obgleich Theresienstadt für viele nur ein Durchgangslager nach Auschwitz wurde, gab man diesem Ghetto gern den zivilen Anstrich einer »jüdischen Siedlung« und präsentierte es eines Tages – nach sorgfältigen Vorbereitungen und Vorsichtsmaßnahmen – sogar Vertretern des Internationalen Roten Kreuzes und einer Kommission aus Dänemark. Fest steht, daß jene Juden – unter ihnen Prominente wie Leo Baeck –, die das »Glück« hatten, nach Theresienstadt zu kommen und dort zu *bleiben*, die größten Überlebenschancen hatten, sofern sie nicht an Krankheit, mangelnder ärztlicher Versorgung oder Unterernährung starben.

Sogar für die Finanzierung von Theresienstadt (eine kleine tschechische Festung, in der einmal 7000 Einwohner lebten und in die dann mehr als 100 000 Juden gedrängt wurden) mußten die Juden selbst aufkommen, jedenfalls jene, die aus Deutschland und Österreich dorthin deportiert wurden. Die »Reichsvereinigung deutscher Juden«, die vom SD kontrolliert wurde, schloß mit Juden, die für Theresienstadt bestimmt waren, sogenannte »Heimeinkaufsverträge« ab. Der betreffende Jude mußte sein gesamtes Vermögen der »Reichsvereinigung« überschreiben. Dafür verpflichtete sich diese zur lebenslänglichen Gewährung von Heimunterkunft und Verpflegung. Allerdings war auch hier schon »vertraglich« eingebaut, daß der betreffende Jude auch jederzeit »evakuiert« (sprich vernichtet) werden konnte. Die Reichsvereinigung, die für die deutschen Juden die Funktion des »Judenrates« hatte, mußte sich hier zum Büttel der Endlöser machen. In Paragraph 5 des Vertrages stand: »Bei Eintritt einer körperlichen oder geistigen Erkrankung des Vertragspartnres, der das dauernde Verbleiben in der Gemeinschaftsunterbringung ausschließt und *eine anderweitige Unterbringung geboten erscheinen läßt,* ist die Reichsvereinigung berechtigt, die erforderlichen Maßnahmen zu treffen.« (Hervorhebung vom Autor.)

Gruppe Arlt   Minsk, den 3.August 1942

                    T ä t i g k e i t s b e r i c h t .
                    -.-.-.-.-.-.-.-.-.-.-.-.-.-.-.-.-.-.

Am 26.6. traf der erwartete Judentransport aus dem Reich ein.
Am 27.6. starteten wir samt ziemlich den ganzen Kdo. zu einer
Aktion nach Baranewitsche. Der Erfolg war wie immer negativ. Im
Zuge dieser Aktion räumten wir das Judenghetto in S l o n i m.
Etwa 4000 Juden wurden an diesem Tage der Erde übergeben.
Am 30.6. kehrten wir wieder nach Minsk zurück. Die nächstfolgenden
Tage waren mit Sacheninstandsetzen, Waffenreinigen, Waffendurchsicht
ausgefüllt.
Am 2.7. wurden bereits wieder die Vorkehrungen zum Empfang eines
Judentransportes, Aushebung der Gruben, getroffen.
Am 10.7. wurden wir und das lett. Kdo. gegen Partisanen im Walde
von Koydanow eingesetzt. Wir konnten dabei ein Munitionslager
ausheben. Plötzlich wurden wir dabei aus dem Hinterhalt mit einem
M.G. beschossen. Ein lettischer Kamerad wurde dabei getötet. Bei
der Verfolgung der Bande konnten vier Mann erschossen werden.
Am 12.7. wurde der lett. Kamerad im neuen Friedhof beigesetzt.
Am 17.7. traf ein Transport mit Juden ein und wurde zum Gut gebracht.
Am 21. 22. und 23.7. werden neue Gruben ausgehoben.
Am 24.7. trifft bereits wieder ein Transport mit 1000 Juden aus
dem Reich hier ein.
Vom 25.7. bis 27.7. werden neue Gruben ausgehoben.
Am 28.7. Großaktion im Minsker russ. Ghetto. 6000 Juden werden
zur Grube gebracht.
Am 29.7. 3000 deutsche Juden werden zur Grube gebracht.
Die nächstfolgenden Tage waren mit Waffenreinigen und
Sacheninstandsetzen ausgefüllt.

Das Betragen der Männer ist In= und =außer Dienst gut und
gibt zu keiner Beanstandung Anlass.

                                        gez. Arlt
                                    ᛋᛋ-Unterscharführer.

Tätigkeitsbericht einer Einsatzgruppe in Rußland.

Das Fließband des Todes rollt

Außer dem beschriebenen »Experiment« Chelmno gab es noch ein weiteres Modell, auf das Himmler bei der Verwirklichung seiner Ausrottungspläne zurückgreifen konnte: Das »Projekt T 4« zur sogenannten »Euthanasie lebensunwerten Lebens«. Mit dieser Aktion waren bis Ende 1941 schon rund 100 000 geistig und psychisch Erkrankte und Behinderte in Deutschland ermordet worden, und zwar mit Kohlenmonoxydgas. Das Projekt war auf Befehl Hitlers abgebrochen worden, nachdem Unruhe in der Bevölkerung entstanden war und die Kirchen protestiert hatten. (Es steht heute fest, daß Hitler sich durchaus von der Volksmeinung beeinflussen ließ und sich auch nicht über Proteste der Kirchen ganz hinwegsetzte. Er war auf den äußerlich guten Ruf der Nazis bedacht. Allerdings hatte die öffentlich seit 1933 vollzogene Entrechtung der Juden weder das Volk noch die Kirchen zu Unruhe und Protest herausgefordert, wie im Falle der Euthanasie. Fest steht heute auch: Hitler hätte kein einziges antisemitisches Gesetz erlassen, wenn er den Widerstand eines Großteils der Bevölkerung gespürt hätte. In den ersten Jahren seiner Macht – zumindest bis zum Ausbruch des Krieges – hat Hitler sich gehütet, Gesetze oder Verordnungen zu erlassen, die »unpopulär« waren. Es ist nicht zu leugnen, daß die Mehrzahl seiner Anordnungen zwischen 1933 und 1939 bei den meisten Deutschen auf begeisterte Zustimmung gestoßen waren. Es wäre Heuchelei, das heute zu leugnen. Die »Euthanasie« war unpopulär. Als Hitler das merkte, beendete er die Aktion, obgleich er unumschränkter Diktator war und Deutschland sich zu jener Zeit bereits im Krieg befand.)
Nach dem Abbruch der Euthanasie-Aktionen waren die dortigen Experten arbeitslos. Ein besonderer Spezialist war Kriminaloberkommissar Christian Wirth. Auf Himmlers Befehl meldete sich Wirth bei dem Lubliner SS- und Polizeiführer Odilo Globocnik, der mit der Liquidierung des polnischen Judentums beauftragt war. Den ganzen Bug entlang konstruierte Wirth eine Reihe von Lagern mit ortsfesten Gaskammern, in die er mittels Schläuchen die Abgase von Dieselmotoren hineinpumpte. Die Gaskammern sahen aus wie Badehäuser, im Vorgarten Geranien, dann ein

Treppchen, links und rechts von einem Gang drei Räume, 5 mal 5 Meter, 1,90 Meter hoch, mit Holztüren wie Garagen. An der Rückwand große hölzerne Rampentüren. Auf den Dächern ließ Wirth kleine Davidsterne anbringen.

Am 17. März 1942 nahm das erste Wirth-Lager seine Vernichtungsarbeit auf: Belzec an der Bahnstrecke Lublin-Lemberg. In Belzec konnten sechs Gaskammern jeden Tag 15 000 Menschen töten. Im April folgte Sobibor an der ukrainischen Grenze mit einer »Kapazität« von 20 000 pro Tag. Dann Treblinka, 120 Kilometer nordöstlich von Warschau, das täglich 25 000 Menschen töten konnte, und schließlich, im Herbst 1942, die dem Konzentrationslager Lublin angeschlossenen Gaskammern, die unter dem Namen Majdanek bekannt wurden. Schon nach kurzer Zeit war der ehemalige Kripo-Kommissar Wirth ungekrönter König der Judenvernichter Polens.

Wirth hatte Konkurrenten, die es noch besser machen wollten: Einer von ihnen war Karl Fritzsch, Lagerkommandant von Auschwitz und Vorgänger des berüchtigten späteren Kommandanten Höß. Fritzsch hatte ein neues Tötungsmittel gefunden: das Blausäuregas Zyklon B, ein von der Hamburger Firma DEGESCH (Deutsche Gesellschaft für Schädlingsbekämpfung mbH.) hergestelltes und vertriebenes Mittel zur wirksamen Vertilgung von Ungeziefer. (Es paßte auch zur Ideologie der Nazis, die den Juden ja immer als »Ungeziefer« darstellten.) Tests hatten die Überlegenheit der Zyclon-B-Methode über die Kohlenmonoxyd-Methode von Wirth erwiesen. Es war leicht zu handhaben – man brauchte, geschützt durch eine Gasmaske, nur die Dose zu öffnen und den Inhalt in ein Zuleitungsrohr zu schütten – und es wirkte fast sofort. Bei Wirth dauerte der Todeskampf wesentlich länger.

Wirth hatte sein Monopol verloren, sein Auschwitzer Konkurrent Rudolf Höß wurde schließlich der größte Judenvernichter.

Im Frühsommer 1942 begann die konzentrierte Vernichtung der Juden in Polen. Ordnungspolizei, polnische, litauische und ukrainische Hilfsmilizen und der von den Deutschen aufgestellte eigene jüdische Ordnungsdienst fingen an, die Juden systematisch aus den Ghettos zu treiben, in Güterwagen zu verladen und in eines der sechs Vernichtungslager zu bringen.

Die Endlösung im großen Stil war angelaufen.

Im Zahlenrausch der Todeslisten

Im Sommer 1942 verfielen Himmler und die Schreibtischmörder der SS einem Rausch der Vernichtungsstatistiken. Die »Kapazitäten« der einzelnen Vergasungseinrichtungen wurde mit dem »Judenbestand« der Ghettos verglichen, zeitliche und regionale »Erfüllungssolls« wurden gesetzt, der Tod war zur »Produktionsziffer« geworden. Am 19. Juli 1942 schrieb Himmler an Friedrich-Wilhelm Krüger, den Höheren SS- und Polizeiführer Ost in Krakau: »Ich ordne an, daß die Umsiedelung der gesamten jüdischen Bevölkerung des Generalgouvernements bis zum 31. Dezember 1942 durchgeführt und beendet ist.« Schon am 27. März hatte Goebbels in seinem Tagebuch vermerkt: »Aus dem Generalgouvernement werden jetzt, bei Lublin beginnend, die Juden nach dem Osten abgeschoben. Es wird hier ein ziemlich barbarisches und nicht näher zu beschreibendes Verfahren angewandt, *und von den Juden selbst bleibt nicht mehr viel übrig*. Der ehemalige Gauleiter von Wien (Globocnik), der diese Aktion durchführt, tut das mit ziemlicher Umsicht und auch mit einem Verfahren, *das nicht allzu auffällig wirkt* ...« (Hervorhebung vom Autor.)

Trotz der euphemistischen Ausdrücke wie »Umsiedlung« und »Abschieben nach Osten«, die Himmler und Goebbels verwendeten, geht aus den Texten klar hervor, was wirklich damit gemeint war. Was hier vor sich ging, wurde auch in den Ausführungen deutlich, die der Präsident der Hauptabteilung Ernährung und Landwirtschaft bei der Regierung des Generalgouvernements am 24. August 1942 in Krakau machte: »Die Versorgung der bisher noch mit 1,5 Millionen Juden angenommenen Bevölkerungsmenge fällt weg, und zwar bis zu einer angenommenen Menge von 300 000 Juden, die noch im deutschen Interesse als Handwerker oder sonstwie arbeiten. Die anderen Juden werden nicht mehr mit Lebensmitteln versorgt.«

Noch einmal versuchte die Wehrmacht, die Todesmühle wenigstens zu verlangsamen, wenn nicht anzuhalten. Für General Curt Freiherr von Gienanth, den Wehrkreisbefehlshaber im Generalgouvernement, und Oberst Freter, den Chef des Rüstungskommandos Warschau, bestand 1942 nicht mehr der geringste Zweifel daran, daß die sogenannte »Umsiedelung« auf Massenmord hinauslief. Sie wollten versuchen, wenigstens in ihrem Machtbereich Juden wie irgend möglich zu retten. Bei SS-Chef Krüger protestierten sie, die »Evakuierung« beraube die Wehrmacht jener jüdischen Arbeitskräfte, ohne die kein Rüstungsbetrieb funktionieren könne. Krüger ging scheinbar auf die Wünsche der Militärs ein, bestimmte aber, daß die jüdischen Rüstungsarbeiter in Betrieben und Lagern unter SS-Kommandos kaserniert sein müßten. Auf diese Weise entzog er der Wehrmacht die Verfügungsgewalt über die Juden.

Für Himmler war selbst das ein zu großes Zugeständnis an die Wehrmacht. Er bedrängte Keitel, den Chef des OKW, Gienanth zurückzupfeifen, was dieser auch tat. Doch Gienanth wollte noch nicht aufgeben. Er verfaßte eine Denkschrift, in der er seine Auffassung belegte, »eine Entfernung der Juden hätte zur Folge, daß das Kriegspotential des Reiches erheblich gedrückt und die Versorgung der Front mindestens augenblicklich stocken würde«. Keitel mußte die Denkschrift Hitler vorlegen, der sich von den nüchternen Beweisen aber nicht beeindrucken ließ. Aus seiner wütenden Reaktion geht klar hervor, daß Hitler selbst, nicht Himmler allein, wie neuerdings wieder vermutet wurde, der Erfinder und Architekt der »Endlösung« war. »Ich habe Anweisung gegeben«, schrie Hitler, »gegen alle diejenigen, die glauben, hier mit angeblichen Rüstungsinteressen entgegentreten zu müssen, die in Wirklichkeit aber lediglich die Juden schützen wollen, vorzugehen!«
General von Gienanth wurde abgesetzt. Keitel kapitulierte vor Himmler. Mitte Oktober erhielt die Wehrmacht im Generalgouvernement Befehl, alle jüdischen Arbeitskräfte zu entlassen und schnellstens durch »arische« (polnische) Arbeitskräfte oder kriegsgefangene Russen zu ersetzen. Eine Ironie am Rande: Die intelligente, fachlich und handwerklich oft hervorragend ausgebildeten Juden waren für die Rüstung und Kriegsmaschinerie des Reiches wirklich unersetzlich gewesen. Nach ihrer Ausschaltung sank die Rüstungsproduktion im Generalgouvernement sowohl qualitativ als auch quantitativ drastisch ab – mit allen entsprechenden Konsequenzen für die kämpfende Front in Rußland. Die Ausrottung der Juden zeigt auch hier, daß die NS-Führung in ihrem verbrecherischen Fanatismus sogar rational-kriegswirtschaftlichen Überlegungen nicht mehr zugänglich war.

Jetzt waren alle Juden im ehemaligen Polen unter die alleinige Kontrolle der SS geraten. Ungehindert konnten die Henker, unterstützt von ihren einheimischen Hilfstruppen aus kollaborierenden Polen, Ukrainern und Litauern sich austoben. Die Statistiken, die von den Mordfabriken geliefert wurden, sind für menschliches Begriffsvermögen kaum zu fassen. In Chelmno wurden über 150 000 Juden ermordet, in Belzec 600 000, in Sobibor 250 000, in Treblinka 700 000, in Majdanek 200 000, in Auschwitz-Birkenau über eine Million (!).

Auch für zügellose und perverse Sadisten wurden die Vernichtungslager zum Tummelplatz. In Sobibor pflegte der SS-Mann Gomerski die Schädel der Juden, die schon auf dem Transport erkrankt waren, mit einer eisernen Wasserkanne zu zertrümmern. In Auschwitz versuchte ein kleines Mädchen durch die Postenkette zu schlüpfen. Der SS-Mann nahm sein Gewehr von der Schulter und legte an. Als das Mädchen um Gnade flehte, schoß der Mann dem Kind lachend die Füße kaputt. In Belzec vergnügten sich SS-Männer damit, die Köpfe von Säuglingen vor den Augen ihrer Mütter an Barackenwänden zu zertrümmern. Selbst vor sexuell betonten Leichenschändungen schreckten die Mörder nicht zurück. Der frühere Häftling Max Kasner aus Auschwitz, der zum Leichenräumkommando gehörte, berichtete, daß er einmal mit seinen Kameraden 70 tote Frauen beseitigen mußte. »Es waren ausgesucht schöne Mädchen. Ihnen waren die Brüste abgeschnitten und aus den Schenkeln das Fleisch herausgeschnitten worden. Wir wateten bis über die Fußknöchel im Blut.« In Auschwitz taten sich vor allem die SS-Führer Kaduk und Boger im Erfinden sadistischer Quälereien hervor. Der Treblinka-Kommandant Kurt Franz ließ Juden mit dem Kopf nach unten aufhängen und von Schäferhunden zerfleischen. Die Liste der Scheußlichkeiten ließe sich beliebig verlängern.

Aber Sadisten waren eigentlich für die »Endlösung« nicht typisch. Verbrechen dieser Art haben abartige Naturen immer angelockt. Der Sadismus war nur ein Aspekt der Massenvernichtung und wurde von der SS-Führung nicht einmal gewünscht. Die Auschwitz-Gefangene Dr. Ella Lingens-Reiner: »Es gab wenige Sadisten. Nicht mehr als fünf bis zehn Prozent waren Triebverbrecher im klinischen Sinne. Die anderen waren ganz normale Menschen, die durchaus wußten, was Gut und Böse ist. Sie haben alle gewußt, was da geschieht.

In seinem Buch »Der Orden unter dem Totenkopf« schreibt Heinz Höhne: »Die eigentliche Sensation, das wahrhaft Entsetzliche der Judenvernichtung lag darin, daß Tausende biederer Familienväter dem öffentlichen Geschäft des Mordes nachgingen und sich gleichsam am Feierabend in dem Gefühl streckten, gesetzestreue, ordentliche Bürger zu sein, denen es nicht einfallen würde, einen Schritt vom Pfad privater Tugend abzuweichen... Himmler beherrschte die fixe Idee, die Massenvernichtung müsse sachlich-sauber verwirklicht werden, der SS-Mann habe auch im staatlich befohlenen Mord ›anständig‹ zu bleiben.«

Manchmal ließ Himmler SS-Sadisten sogar bestrafen, weil sie sich zu »Grausamkeiten hinreißen ließen, die eines deutschen Mannes und SS-Führers unwürdig sind«, und der Reichsführer schulmeisterte: »Es ist nicht deutsche Art, bei der notwendigen Vernichtung des schlimmsten Feindes unseres Volkes bolschewistische Methoden anzuwenden!« Die Vernichtung war für die Nazis wünschenswert, peinliche »Nebenerscheinungen« wie Grausamkeiten und Perversitäten wurden unterdrückt oder rationalisiert, indem man sie auf ein Feindbild, den Bolschewismus, projizierte. Für den Durchschnittstyp der mit der Vernichtung der Juden befaßten SS-Beamten hat Hannah Ahrendt den Begriff des »Spießers« in seiner klassischen Form verwendet. Auch Himmler war die ins Maßlose gewachsene Inkarnation des Spießers, der Entsetzlichkeiten befiehlt und verübt, aber niemals die »innere Disziplin« verliert, stets »sauber« und »korrekt« bleibt. Hierzu noch einmal Heinz Höhne: »Nicht der Sadist vom Schlage Bogers und Kaduks bestimmte Tempo und Wesen der Massenvernichtung, sondern Menschen wie Rudolf Höß: rührige Familienväter, aufgewachsen in der antisemitischen Schädlingsbekämpfungsmentalität, eingespannt in einen unpersönlichen, auf militärisch-industrielle Präzision eingestellten Mechanismus, der den einzelnen aller persönlichen Verantwortung enthob.« Und der Historiker Martin Broszat hat den Charakter der SS-Endlöser so analysiert: »Die Massenvernichtung war das Werk ehrgeiziger, pflichtbesessener, autoritätsgläubiger und prüder Philister, die, im Kadavergehorsam erzogen, kritik- und phantasielos mit bestem Gewissen und Glauben sich einredeten und sich einreden ließen, die ›Liquidierung‹ Hunderttausender von Menschen sei ein Dienst für Volk und Vaterland.« Entlarvend ist, was Rudolf Höß vor seiner Hinrichtung in seinen Erinnerungen schrieb: »Ich stellte damals keine Überlegungen an. Ich hatte den Befehl bekommen und hatte ihn durchzuführen. Wenn der Führer die Endlösung der Judenfrage befohlen hatte, gab es für einen alten Nationalsozialisten keine Überlegungen, noch weniger für einen SS-Führer.«

Europas Juden sind an der Reihe

Anfang 1943 schlug auch die Stunde für jene deutschen Juden, die wegen ihrer Fachkenntnisse bisher für die Rüstungsindustrie unentbehrlich gewesen und – nicht zuletzt durch den Einfluß Görings – von der Deportation verschont geblieben waren. Ende Februar wurden sie – meist am Arbeitsplatz – schlagartig festgenommen und zusammen mit ihren Angehörigen in die Vernichtungslager deportiert. Ihr Schicksal ist aus den »Eingangsberichten« der Todesfabriken abzulesen, zum Beispiel denen des Obersturmführers Schwartz, Arbeitseinsatzleiter in Auschwitz:
»Transport aus Berlin. Eingang 5. 3. 43. Gesamtstärke 1128 Juden. Zum Arbeitseinsatz gelangten 389 Männer und 96 Frauen. Sonderbehandelt wurden 151 Männer und 492 Frauen und Kinder... Transport aus Breslau. Eingang 5. 3. 43. Gesamtstärke 1405 Juden. Zum Arbeitseinsatz gelangten 406 Männer und 190 Frauen. Sonderbehandelt wurden 125 Männer und 684 Frauen und Kinder.«
Die entsetzlichen Szenen, die sich bei den Selektionen an der Bahnhofsrampe von Auschwitz abspielten, sind häufig geschildert worden. Die zur Arbeit »aussortierten« Juden hatten nur eine Galgenfrist erhalten. Sobald sie der mörderischen Arbeit in dem Zweigwerk der Buna-Gummifabriken, beim Straßenbau oder in den Steinbrüchen nicht mehr gewachsen waren, sobald sie infolge von Unterernährung, unzureichender Kleidung oder brutaler Behandlung krank wurden, traten auch sie bei einer der unregelmäßig stattfindenden »Selektionen« den Weg in die Gaskammern an.

Allmählich leerten sich die Ghettos in Polen. Um die Fließbänder des Todes in Gang zu halten, brauchten die SS-Strategen Nachschub. In der Wannsee-Konferenz waren alle Juden Europas ins Mordprogramm miteinbezogen worden. In der Kurfürstenstraße 116 in Berlin, der Schaltzentrale der Judenvernichtung, spann Adolf Eichmann seine Drähte. Bei allen Polizeibefehlshabern in den von Deutschland besetzten Gebieten, bei allen diplomatischen Missionen der Satellitenstaaten unterhielt Eichmann »Judenreferenten«, die die Auslieferung der einheimischen Juden an die SS mit Druck oder Überredung organisierten. Nachdem das deutsche und österreichische Judentum den Marsch in die Vernichtung angetreten hatte, wandte Eichmann sich nach Westen. Das erste Ziel war Holland.

Die Zivilverwaltung im besetzten Holland stand unter der Leitung des Reichskommissars Arthur Seyß-Inquart, einem überzeugten Nazi aus Wien, der einmal für einen Tag österreichischer Bundeskanzler gewesen war und am 12. März 1938 den Einmarsch der Deutschen nach Österreich legalisiert hatte. Seyß-Inquart kooperierte sofort. Ab Mai 1942 wurde für die holländischen Juden der Judenstern eingeführt, im Juli begannen die ersten Transporte zu rollen. Insgesamt wurden aus Holland 110 000 Juden deportiert, darunter Tausende deutscher Juden, die noch vor dem Krieg dort Zuflucht gefunden hatten. Nur 6000 haben das Vernichtungsprogramm überlebt.

In Belgien und Frankreich hatten die Judenjäger der SS es schwer, weil hier die Herrschaft bei den Militärbefehlshabern lag, die den Judenfang aber nicht ganz verhindern konnten. Mehr Glück hatte die SS in Serbien, wo die Militärs williger zusammenarbeiteten. Ein Grund dafür war die Partisanentätigkeit, und auf der Seite der Partisanen gab es auch Juden. 5000 männliche Juden wurden von der Wehrmacht selbst im Rahmen von »Geisel«-Erschießungen umgebracht, die 15 000 übriggebliebenen Frauen und Kinder von der SS in die Vernichtungslager transportiert.

Auch in Griechenland arbeitete die Wehrmacht mit der SS zusammen. Generalleutnant von Krenzki, der Militärbefehlshaber von Saloniki-Ägäis, half sogar mit Truppen bei der Räumung des Judenviertels von Saloniki. Die rund 60 000 Juden der deutschen Besatzungszone in Griechenland wurden mit Wehrmachtszügen nach Polen transportiert. Der deutsche Marinebefehlshaber der Ägäis stellte Schiffsraum zur Verfügung, um die Juden von den griechischen Inseln abzutransportieren.

Langsamer ging es in Belgien. Dort konnte sich General von Falkenhausen bis zu seiner Verhaftung nach dem Anti-Hitlerputsch im Juli 1944 recht gut gegen die SS behaupten. Zumindest konnte er die Juden retten, die die belgische Staatsbürgerschaft besaßen.

Auch in Frankreich trieb der Militärbefehlshaber General von Stülpnagel eine hinhaltende Politik. Zumindest weigerte er sich, seine eigenen Truppen als Büttel der SS zur Verfügung zu stellen. Im unbesetzten Teil Frankreichs, das der Vichy-Regierung unterstand, machte der Regierungschef Pierre Laval ein Geschäftsangebot: Er wolle die »staatenlosen« Juden, also vor allem die deutschen Flüchtlinge, ausliefern, solange die französischen Juden unbehelligt blieben. Allerdings konnten weder Stülpnagel noch Laval viel gegen übereifrige Nazi-Kollaborateure unter den örtlichen Gendarmeriechefs tun, die Juden oft aus eigener Machtvollkommenheit zusammentrieben und der SS auslieferten.

Im November 1942, als die Alliierten in Nordafrika landeten, wurde ganz Frankreich von deutschen Truppen besetzt. Eichmanns Judenjäger rückten sofort nach. Doch hier stießen sie auf unerwarteten Widerstand: Die italienischen Offiziere, die einen Teil Südfrankreichs als Besatzungsmacht kontrollierten, leisteten nicht nur passive, sondern aktive Obstruktion. Die italienische Armee half den Juden, wo sie nur konnte. In Griechenland lehnte General Geloso die Einführung des Judensterns für seine Besatzungszone ab. Vor der Synagoge und das Gemeindehaus in Athen beorderte er italienische Wachen. In Saloniki konnten Hunderte von Juden vor der Deportation gerettet werden, indem das italienische Konsulat ihnen die italienische Staatsbürgerschaft verlieh. In ihrer französischen Besatzungszone untersagten die Italiener jede antijüdische Aktion. Als der französische Polizeichef von Lyon 300 Juden zum Abtransport bereitstellte, erzwangen die Italiener die Freilassung. In Annecy wurde die französische Gendarmeriekaserne von italienischen Truppen umstellt, bis die dort internierten Juden freigelassen worden waren.

Eichmann wandte sich an Ribbentrop, der bei Mussolini intervenieren sollten, aber Mussolini winkte ab. Erst der Sturz Mussolinis und die Kapitulation Italiens im Sommer 1943 beraubte die Juden Italiens und der italienischen Besatzungszonen ihres Schutzes. Dennoch sabotierte die italienische Bevölkerung auch weiterhin erfolgreich die Aktionen der Judenfänger. Die geplante Festnahme und Deportation der Juden Roms in der Nacht vom 16. zum 17. Oktober war nur zum Teil erfolgreich. Nur ein Bruchteil der 8000 Juden wurde gefaßt. »Verhalten der italienischen Bevölkerung eindeutig passiver Widerstand, in Einzelfällen aktive Hilfeleistung für Juden«, funkte Eichmanns römischer Helfer, Obersturmbannführer Kappler, nach Berlin.

Auch zu den Satellitenstaaten waren inzwischen Nachrichten über die Wahrheit des als Evakuierung getarnten Judenvernichtungsprogramms gedrungen. Im Herbst 1942 stellte die Slowakei alle Judentransporte nach Polen ein. Rumänien verbot im Dezember 1942 die Auslieferung von Juden an die Deutschen, obgleich die rumänischen Antisemiten sich fast noch wilder gebärdet hatten als die Deutschen. Im April befahl Zar Boris von Bulgarien, alle Judendeportationen zu unterlassen.

Finnland weigerte sich, nicht zuletzt auf die Interventionen von Himmlers Masseur Kersten hin, der vielen Juden schon die Flucht ins neutrale Ausland ermöglicht hatte, seine Juden an die SS auszuliefern.

Ein Fiasko erlebten Eichmanns Kommandos in Dänemark. Hitler befahl Anfang 1943 den Abtransport aller dänischen Juden, insgesamt 6500. Der Bevollmächtigte des Deutschen Reiches, Werner Best, setzte sich selber mit den Führern des dänischen Widerstandes in Verbindung. Die meisten dänischen Juden wurden rechtzeitig nach Schweden gebracht. Den SS-Leuten fielen nur 477 ältere Juden in die Hände. Und für diese konnte Best durchsetzen, daß sie nach Theresienstadt kamen, wo alle das Kriegsende überlebten.

Die unterschiedlichen Erfolge der von der SS inszenierten Judenjagden in Europa zeigten: Es gab, wenn auch geringe, Möglichkeiten der Opposition gegen Himmlers Vernichtungsprogramm. Mut und Menschlichkeit haben an vielen Orten über Brutalität, Feigheit und Opportunismus triumphiert.

Die Juden wehren sich:
Der Aufstand im Ghetto von Warschau

Kurz nach der Besetzung Warschaus war die jüdische Bevölkerung der polnischen Hauptstadt auf ein bestimmtes Wohngebiet konzentriert worden. Ende 1940 wurde dieses Wohnviertel mit einer drei Meter hohen Mauer umgeben und innerhalb der Mauern mehr als 400 000 Menschen eingeschlossen. Eine Zeitlang gab es für Polen noch die Möglichkeit, geschäftliche Kontakte zu den eingeschlossenen Juden zu halten. Von den »Transit-Straßenbahnen«, die mitten durch das Ghetto liefen, aber nicht halten durften, wurden häufig Lebensmittel und Medikamente abgeworfen. Auch einige Waffen hatten auf diese Weise schon den Weg ins Ghetto gefunden.
Im August 1941 begann dann die völlige Isolierung des Ghettos. Inzwischen war der Wohnbezirk so übervölkert, daß durchschnittlich 7 bis 10 Personen in einem Raum wohnten. Polen drohte die Todesstrafe, wenn sie Juden mit Lebensmitteln versorgten oder Juden außerhalb des Ghettos versteckten. Juden, die das Ghetto verließen, konnten ohne Anruf erschossen werden.
Von wenigen Ausnahmen abgesehen (für reiche Juden, Schieber und Schwarzhändler gab es zeitweise sogar Luxusrestaurants und Bars) vegetierte die Bevölkerung am Rande des Existenzminimums. Die offizielle Versorgung mit Lebensmitteln lag bei 180 Kalorien am Tag. Die Sterblichkeitsziffer war enorm. Allein im Jahre 1941 starben im Warschauer Ghetto 45 00 Personen, viele davon Kinder, infolge von Hunger und Krankheit. Viele starben buchstäblich auf der Straße. Ihre Leichen blieben, mit Papier bedeckt, bis zum Abtransport einfach liegen. Schon 1940 erklärte Ludwig Fischer, der Gouverneur des Bezirks Warschau, »die Juden werden vor Hunger und Elend krepieren, von der sogenannten Judenfrage wird nur noch ein Friedhof übrigbleiben«.
Neben Hunger, Kälte und Krankheit wurde die jüdische Bevölkerung niedergedrückt von Apathie und dem völligen Zweifel an einer Rettung. Die Juden waren eingeschüchtert, voller Furcht, degradiert. Es gab ein paar unter ihnen, die ihre Talente nicht selten ausnutzten, um aus der schrecklichen Lage ihrer Leidensgenossen noch persönlichen Gewinn zu schlagen. Manche wurden Auf-

seher der für die Deutschen arbeitenden Produktionsbetriebe im Ghetto, andere zogen ganze Armeen von Kleinschmugglern auf, viele traten in den »Ordnungsdienst«, die jüdische Polizei, ein. Manche traten auch in den Dienst der Gestapo als Spitzel und Zuträger des Gestapochefs Karl Brandt.

In der Annahme, das Schicksal der Juden am besten durch besonderes Wohlverhalten zu erleichtern, erfüllte der von den Deutschen eingesetzte Judenrat besonders dienstfertig und beflissen die Wünsche der deutschen Besatzung und des für das Ghetto zuständigen Kommandanten Auerswald. Der Rat erreichte dadurch einerseits die Passivität des Großteils der Ghettobewohner, andererseits lag er in ständiger Opposition zu den jüngeren, aktiven und politisch geschulten Kräften der Judenschaft. Die konsequenteste Oppositonshaltung nahmen die Zionisten, die Kommunisten und die Sozialisten ein. Sie verbreiteten geheime Flugblätter und gaben zwei Zeitschriften im Untergrund auf jiddisch heraus: »Morgen Fraj« und »Morgen Frajhajt«. Aus den verschiedenen kleineren Widerstandsgruppe bildete sich 1942 ein Block unter Führung von Mitgliedern der Polnischen Arbeiterpartei (PPR) unter Jozef Finkelstajn, Samuel Cymerman und Ignacy Gotlib. Redakteur der Untergrundpresse wurde Jehuda Feldwurm, der die regelmäßigen Flugblätter »Ajnikajt« und »Cum Kampf« herausgab. Im März 1942 entstand dann der »Antifaschistische Block« aus den rechten Zionisten der Gruppe »Hechalutz«, den linken und sozialistischen Zionisten, der linken Jugendorganisation »Dror« und PPR. Der Block bildete eine gemeinsame Kampforganisation »OB«, die zunächst durch Kontakte mit dem polnischen Widerstand außerhalb des Ghettos Waffen beschaffen und ins Ghetto schaffen sollte.

Durch Verrat flog die Gruppe schon bald darauf auf. Im Juli wurden von den Nazis 187 Todesurteile an Mitgliedern des Blocks vollstreckt.

Gleichzeitig hatte Himmler im Juli 1942 den Befehl gegeben, alle Juden ohne Unterschied des Alters aus dem Warschauer Ghetto zu evakuieren und ins Vernichtungslager von Treblinka zu schaffen. Täglich verließen ungefähr 5000 Juden in Begleitung von polnischer und jüdischer Polizei das Ghetto, um zum Bahnhof gebracht zu werden.

Die »OB« intensivierte ihre Bemühungen um Waffen. Immer mehr Gewehre, Handgranaten, Maschinengewehre und Munition wurden ins Ghetto geschafft. Eine gute Quelle für die polnischen Waffenlieferanten waren die italienischen Divisionen, die im Februar 1943 aus der Kampflinie gezogen wurden, aber in Galizien noch Dienst taten. In aller Heimlichkeit fand die Ausbildung von Juden und Jüdinnen im Waffengebrauch statt. Regelrechte Schießübungen konnten wegen der engmaschigen Überwachung nicht veranstaltet werden.

Nachdem das Ghetto sich immer mehr leerte, gewannen die kämpferischen Juden auch politisches Übergewicht. Am 13. März gelang es dem Judenrat nicht mehr, die für den Abtransport befohlene Zahl von Juden zusammenzustellen. Die Deutschen mußten sie mit Gewalt aus den Häusern holen. Der Judenrat ließ den Deutschen gegenüber durchblicken, daß er keine Autorität mehr bei der Bevölkerung besitze. Kurz darauf wurde Judenratspräsident Lichtenbaum verhaftet, das Kommando innerhalb des Ghettos übernahm Polizeigeneral Jürgen Stroop, der am 17. April mit seinen Panzern ins Ghetto einfuhr.

Zwei Tage später, in der Nacht vom 18. auf den 19. April, am Vorabend des Passahfestes, begann der erste militärische Aufstand von Juden seit dem Aufstand von Bar Kochba zur Zeit des römischen Kaisers Hadrian.

Im Jüdischen Kampfbund waren etwa 1000 Bewaffnete organisiert. Eine Chance zum Sieg bestand nicht. Aber das eigentliche Motiv des Aufstandes liegt in den Worten von Arie Wilner, dem Verbindungsmann der jüdischen Kampforganisation zum polnischen Widerstand: »Es geht uns nicht darum, unser Leben zu retten. Wir wissen – keiner von uns kommt hier lebend heraus. Wir wollen nur die Menschenwürde retten!«

In den frühen Morgenstunden begannen SS-Leute und deutsche Polizei gemeinsam mit ukrainischen, lettischen und litauischen Hilfstrupps mit Panzern, Lastwagen und Maschinengewehren weiter ins Ghetto einzudringen. Mit Lautsprechern wurden die Juden aufgefordert, ihre Schlupfwinkel zu verlassen und sich zum Sammelplatz zum Abtransport zu begeben.

Die jüdischen Soldaten empfingen die Truppen mit MG-Salven und Pistolenschüssen, einem Hagel von Handgranaten und Zünd-

flaschen. Die Deutschen mußten sich fluchtartig zurückziehen. Über das erste Gefecht berichtete Stroop: »Beim ersten Eindringen ins Ghetto gelang es den jüdischen Banditen, durch einen vorbereiteten Feuerüberfall die angesetzten Kräfte einschließlich Panzer und Schützenpanzerwagen zurückzuschlagen.«
Der Aufstand im Ghetto war für die Deutschen eine psychologische Überraschung. Zum ersten Male leisteten Juden bewaffneten Widerstand. Diese Möglichkeit hatte es in den Kalkulationen der Nazis bisher überhaupt nicht gegeben. Durch ihre ganze Geschichte in der Diaspora waren Juden im Angesicht von Terror, Unterdrückung und Verfolgung immer zu Duldsamkeit erzogen worden. Sie hatten sich bei Pogromen nicht gewehrt und nun auch resigniert und voll Trauer, aber ohne physischen Widerstand, die Züge in die Todesfabriken bestiegen.
Himmler erteilte Befehl, das Ghetto »mit größter Härte zu durchkämmen«. Stroop begann, das Ghetto systematisch Block für Block mit Feuer und Sprengstoff zu zerstören. 25 000 passive, nichtbewaffnete Juden ergaben sich rasch und wurden nach Treblinka transportiert.
Doch von überall, aus Kellerluken, Dachböden, Hauseingängen und Ruinen wurden die Deutschen beschossen und an ihrem Zerstörungswerk gehindert. Immer mehr Truppen mußte der verbitterte und frustierte Stroop einsetzen. Frauen und Mädchen bedienten Maschinengewehre, Juden zerstörten Panzer mit behelfsmäßigen Sprengladungen. Auch als die Mauern zusammenkrachten, Qualm und Gluthitze der Brände das Ghetto überlagerten, setzten Juden den Kampf in Kellern und in der Kanalisation fort. Erst am 16. Mai war der Kampf zu Ende. Die Synagoge wurde symbolisch gesprengt, und Himmler gab Befehl, die Reste des Ghettos dem Erdboden gleichzumachen. Wer von den Kämpfern noch lebte, wurde erschossen, der Rest der Bevölkerung, etwa 20 000, nach Treblinka gebracht. Stroop telegrafierte: »Es gibt keinen jüdischen Wohnbezirk in Warschau mehr.«
Die Aufständischen des Warschauer Ghettos sind für die ganze gequälte und gedemütigte Judenschaft Europas gestorben. Indem sie den Kampf wählten, obgleich sie von vornherein den Ausgang kannten, haben sie die Menschenwürde verteidigt und gezeigt, daß Juden sich nicht abschlachten lassen wie Vieh. Nach Warschau

gab es weitere blutige Aufstände, zum Beispiel in Treblinka, die zwar rasch niedergeschlagen wurden, aber die Welt eine Lektion lehrten. Hier zeigte sich auch, daß eine junge, kämpferische Generation von Juden, politisch gebildet und motiviert, die duldende Generation ihrer Väter abzulösen begann.

Das Ende

Auch als die alliierten Truppen sich Deutschland immer weiter näherten, wurde die Vernichtung fortgesetzt. Inzwischen waren in Ungarn 900 000 Juden in Ghettos zusammengetrieben worden. Der ungarische Reichsverweser Horty war zur Marionette der Nazis geworden, die Ungarn inzwischen besetzt hatten. Da erfuhr Himmler von einem Plan der zionistischen Organisation »Waadat«, die Deutschen durch riesige Geldzahlungen zur Beendigung des Judenmordes zu bringen. Er ließ Eichmann mit dem Waadat-Vertreter Joel Brand in Budapest verhandeln. Eichmanns Forderung: 10 000 Lastwagen, zwei Millionen Kisten Seife, 200 Tonnen Tee und 200 Tonnen Kaffee. Dafür wolle er eine Million Juden »verkaufen«. Himmlers Hauptinteresse lag darin, durch die »Waadat« Kontakt zu alliierten Stellen zu bekommen, um möglicherweise auf eigene Faust Friedensverhandlungen zu führen.
Kaum hatte Brand Budapest verlassen, um nach Istanbul zu fahren, da begann Eichmann, die ungarischen Juden in die Züge nach Auschwitz zu treiben. Innerhalb kürzester Zeit waren 300 000 Juden, ein Drittel der ungarischen Judenschaft, in Auschwitz vernichtet. Erst Ende 1944 befahl Himmler, die Vergasungen zu beenden und die Spuren so gut wie möglich zu beseitigen.
Inzwischen waren Nachrichten über das Unvorstellbare ins Ausland gedrungen. Zuerst wollte man es nicht glauben. Auch Aussagen entwichener Opfer wurden mit Skepsis betrachtet. Es schien auch hartgesottenen Menschen, die nicht zum Bannkreis der Nazis gehörten, unfaßbar, daß außerhalb von Irrenanstalten menschliche Wesen existieren sollten, deren Hirnen der Plan entspringen konnte, planmäßig ein ganzes Volk auszulöschen. Auch als das Entsetzliche schon Gewißheit war, weigerten sich noch manche, das ganze Ausmaß zu glauben.

Nach vorsichtigen Schätzungen sind 5 100 000 Juden von den Nazis umgebracht worden, die meisten davon durch Massenvergasung, fast eine Million durch Erschießen, einige hunderttausend durch Hunger, Zwangsarbeit und Quälerei. Aus Deutschland, Österreich und dem »Reichsprotektorat« (dem tschechischen Teil der CSR) wurden 250 000 Juden ermordet, aus der Slowakei 60 000, aus den Benelux-Ländern 130 000, aus Frankreich und Italien 70 000, aus der Sowjetunion einschließlich der baltischen Staaten 900 000, aus Polen 3 Millionen, aus Jugoslawien 60 000, aus Griechenland 60 000, aus Rumänien 270 000, aus Ungarn 300 000. Hinzu kommen etwa 800 aus Norwegen.
Im Namen des deutschen Volkes ist etwas geschehen, das nichts in der Welt ungeschehen machen kann, weder Reue noch Scham. Auch nicht der Versuch materieller Wiedergutmachung. Die Geschichte Deutschlands wird für alle Zeiten befleckt bleiben mit den scheußlichsten Untaten, die Menschen jemals an ihren Mitmenschen begannen haben. Auch wenn die meisten der heute lebenden Deutschen keine Schuld mehr trifft, mit der Geschichte unseres Landes wird der größte Judenmord aller Zeiten immer verbunden bleiben.
Für Juden und Deutsche, die einmal eine so vielversprechende gemeinsame Geschichte hatten, bleibt nur Trauer. Der große deutsche Rabbiner Leo Baeck, der das Massaker in Theresienstadt überlebte, hat dieser Trauer Ausdruck gegeben:
»Für uns Juden aus Deutschland ist eine Geschichtsepoche zu Ende gegangen. Eine solche geht zu Ende, wenn immer eine Hoffnung, ein Glauben, eine Zuversicht endgültig zu Grabe getragen werden muß. Unser Glaube war es, daß deutscher und jüdischer Geist auf deutschem Boden sich treffen und durch ihre Vermählung zum Segen werden könnten. Dies war eine Illusion – die Epoche der Juden in Deutschland ist ein für allemal vorbei.«

Dokumente
Endlösung

Der 1939 ausgebrochene Krieg und vor allem die Eroberungen im Osten gaben Hitler Zeit, Raum und Gelegenheit, das Judentum, soweit er seiner habhaft geworden, auszurotten, ohne daß die Bevölkerung in Deutschland viel davon mitbekam. Wenig Quellen gibt es, die den Entschluß zum Massenmord genauer belegen; strikte Geheimhaltung wurde geübt, manches wurde gar nicht schriftlich fixiert oder in eigenartig verschleierter Form ausgedrückt (Goebbels-Tagebuch und »Wannsee-Protokoll« sind Beispiele dafür. Nur Himmler, im Bedürfnis, seine Männer bei der Stange und gleichzeitig »anständig« zu halten, gab wenigstens im kleinen Kreis das komplette Vernichtungsprogramm preis). Um so deutlicher und reichhaltiger die Zeugnisse von unterer Ebene, von Einsatzgruppen, Vergasungskommandos, KZ-Kommandanten, und von denen, die das Inferno überlebten. Sie alle schildern den schauerlichen Vorgang der Auslöschung eines ganzen Volkes mit grauenerregender Exaktheit.

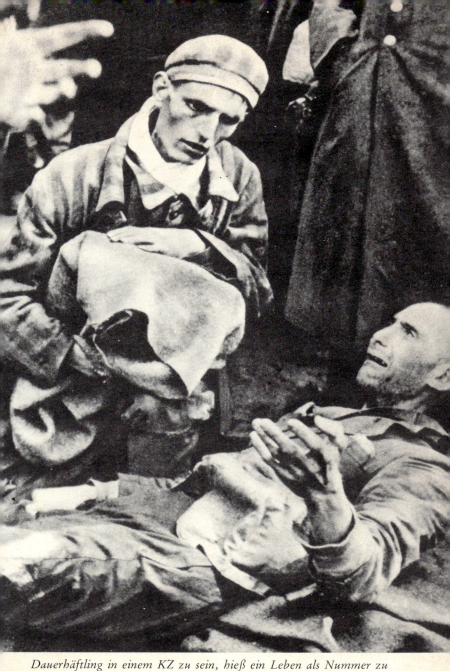

Dauerhäftling in einem KZ zu sein, hieß ein Leben als Nummer zu führen, die jederzeit ausgelöscht werden konnte: durch Krankheit, Überarbeitung, Mordlaune der Bewacher oder durch Massenvernichtung.

»Arbeit macht frei« ist die zynische Begrüßung der Todgeweihten am Tor des riesigen Arbeits- und Vernichtungslagers Auschwitz, durch das drei Mitglieder der jüdischen Arztfamilie Weiss zu gehen haben: Dr.

Josef Weiss, seine Frau Bertha und ihr Sohn Karl. Ihnen ist wie Millionen ihrer Glaubensgenossen, der Tod in den Gaskammern der Todesfabrik vorbestimmt. – Szene aus »Holocaust«.

In KZs wurde wenig fotografiert. Bilder wie dieses entstanden nach dem Zusammenbruch des Dritten Reiches: Entkräftet und apathisch blicken überlebende KZ-Häftlinge ihren Befreiern entgegen.

Verbleibender Rest

»Ereignismeldung« einer Einsatzgruppe, 3. 11. 1941

Was die eigentliche Exekutive anbelangt, so sind von den Kommandos der Einsatzgruppe bisher etwa 80 000 Personen liquidiert worden.
Darunter befinden sich etwa 8000 Personen, denen aufgrund von Ermittlungen eine deutschfeindliche oder bolschewistische Tätigkeit nachgewiesen werden konnte.
Der verbleibende Rest ist aufgrund von Vergeltungsmaßnahmen erledigt worden.
Mehrere Vergeltungsmaßnahmen wurden im Rahmen von Großaktionen durchgeführt. Die größte dieser Aktionen fand unmittelbar nach der Einnahme Kiews statt; es wurden hierzu ausschließlich Juden mit ihrer gesamten Familie verwandt.
Die sich bei Durchführung einer solchen Großaktion ergebenden Schwierigkeiten – vor allem hinsichtlich der Erfassung – wurden in Kiew dadurch überwunden, daß durch Maueranschlag die jüdische Bevölkerung zur Umsiedlung aufgefordert worden war.
Obwohl man zunächst nur mit einer Beteiligung von etwa 5000 bis 6000 Juden gerechnet hatte, fanden sich über 30 000 Juden ein, die infolge einer überaus geschickten Organisation bis unmittelbar vor der Exekution noch an ihre Umsiedlung glaubten.
Wenn auch bis jetzt auf diese Weise insgesamt etwa 75 000 Juden liquidiert worden sind, so besteht doch schon heute Klarheit darüber, daß damit eine Lösung des Judenproblems nicht möglich sein wird. Es ist zwar gelungen, vor allem in kleineren Städten und auch in den Dörfern eine restlose Bereinigung des Judenproblems herbeizuführen; in größeren Städten dagegen wird immer die Beobachtung gemacht, daß nach einer solchen Exekution zwar sämtliche Juden verschwunden sind, kehrt aber alsdann nach einer bestimmten Frist ein Kommando nochmals zurück, so wird immer eine Anzahl von Juden festgestellt, die ganz erheblich die Zahl der exekutierten Juden übersteigt.

Quellenangabe:
Hans-Adolf Jacobsen, 1939–1945. Der Zweite Weltkrieg in Chronik und Dokumenten. Darmstadt 1961

Endlösung der Judenfrage

»Wannsee-Protokoll«, 20. 1. 1942

Der Chef der Sicherheitspolizei und des SD, SS-Obergruppenführer Heydrich, teilte eingangs seine Bestallung zum Beauftragten für die Vorbereitung der Endlösung der europäischen Judenfrage durch den Reichsmarschall mit und wies darauf hin, daß zu dieser Besprechung geladen wurde, um Klarheit in grundsätzlichen Fragen zu schaffen. Der Wunsch des Reichsmarschalls, ihm einen Entwurf über die organisatorischen, sachlichen und materiellen Belange im Hinblick auf die Endlösung der europäischen Judenfrage zu übersenden, erfordert die vorherige gemeinsame Behandlung aller an diesen Fragen unmittelbar beteiligten Zentralinstanzen im Hinblick auf die Parallelisierung der Linienführung.
Die Federführung bei der Bearbeitung der Endlösung der Judenfrage liege ohne Rücksicht auf geographische Grenzen zentral beim Reichsführer-SS und Chef der Deutschen Polizei (Chef der Sicherheitspolizei und des SD) ...
An Stelle der Auswanderung ist nunmehr als weitere Lösungsmöglichkeit nach entsprechender vorheriger Genehmigung durch den Führer die Evakuierung der Juden nach dem Osten getreten. Diese Aktionen sind jedoch lediglich als Ausweichmöglichkeiten anzusprechen, doch werden hier bereits jene praktischen Erfahrungen gesammelt, die im Hinblick auf die kommende Endlösung der Judenfrage von wichtiger Bedeutung sind ...
Unter entsprechender Leitung sollen im Zug der Endlösung die Juden in geeigneter Weise im Osten zum Arbeitseinsatz kommen. In großen Arbeitskolonnen, unter Trennung der Geschlechter, werden die arbeitsfähigen Juden straßenbauend in diese Gebiete geführt, wobei zweifellos ein Großteil durch natürliche Verminderung ausfallen wird.
Der allfällig endlich verbleibende Restbestand wird, da es sich bei diesen zweifellos um den widerstandsfähigsten Teil handelt, entsprechend behandelt werden müssen, da dieser, eine natürliche Auslese darstellend, bei Freilassung als Keimzelle eines neuen jüdischen Aufbaues anzusprechen ist. (s. Erfahrung d. Geschichte.)
Im Zuge der praktischen Durchführung der Endlösung wird Europa von Westen nach Osten durchgekämmt ...

Quellenangabe:
Walter Hofer (Hrsg.) Der Nationalsozialismus. Dokumente 1933–1945, Frankfurt/M. 1957 (= Fischer Bücherei 172)

Karte zu einem Bericht über Judenermordungen in Rußland und den baltischen Staaten.

Barbarisches Strafgericht

Goebbels-Tagebuch, 27. 3. 1942

Aus dem Generalgouvernement werden jetzt, bei Lublin beginnend, die Juden nach dem Osten abgeschoben. Es wird hier ein barbarisches, nicht näher zu beschreibendes Verfahren angewandt, und von den Juden selbst bleibt nicht mehr viel übrig. Im großen und ganzen wird man wohl feststellen, daß 60 Prozent davon liquidiert werden müssen, während nur noch 40 Prozent in die Arbeit eingesetzt werden können. Der ehemalige Gauleiter von Wien (Globocnik), der diese Aktion durchführt, tut das mit ziemlicher Umsicht und auch mit einem Verfahren, das nicht zu auffällig wirkt. An den Juden wird ein Strafgericht vollzogen, das zwar barbarisch ist, das sie aber vollauf verdient haben. Die Prophezeiung, die der Führer ihnen für die Herbeiführung eines neuen Weltkrieges mit auf den Weg gegeben hat, beginnt sich in der fürchterlichsten Weise zu verwirklichen. Man darf in diesen Dingen keine Sentimentalitäten obwalten lassen. Die Juden würden, wenn wir uns ihrer nicht erwehren würden, uns vernichten. Es ist ein Kampf auf Leben und Tod zwischen der arischen Rasse und dem jüdischen Bazillus. Keine andere Regierung, kein anderes Regime könnte die Kraft aufbringen, diese Frage generell zu lösen. Auch hier ist der Führer der unentwegte Vorkämpfer und Wortführer einer radikalen Lösung, die nach Lage der Dinge geboten ist und deshalb unausweichlich erscheint. Gott sei Dank haben wir jetzt während des Krieges eine ganze Reihe von Möglichkeiten, die uns im Frieden verwehrt wären. Die müssen wir ausnutzen. Die in den Städten des Generalgouvernements freiwerdenden Ghettos werden jetzt mit den aus dem Reich abgeschobenen Juden gefüllt, und hier soll sich dann, nach einer gewissen Zeit, der Prozeß erneuern. Das Judentum hat nichts zu lachen ...

Quellenangabe:
Martin Broszat, Hitler und die Genesis der »Endlösung«. In: Vierteljahreshefte für Zeitgeschichte 4/1977

Die Todeswagen

Bericht eines SS-Untersturmführers, 16. 5. 1942

Während die Wagen der ersten Serie auch bei nicht allzu schlech-

ter Wetterlage eingesetzt werden können, liegen die Wagen der zweiten Serie (Saurer) bei Regenwetter vollkommen fest. Wenn es z. B. nur eine halbe Stunde geregnet hat, kann der Wagen nicht eingesetzt werden, weil er glatt wegrutscht. Benutzbar ist er nur bei ganz trockenem Wetter. Es tritt nun die Frage auf, ob man den Wagen nur am Orte der Exekution im Stand benutzen kann. Erstens muß der Wagen an diesen Ort gebracht werden, was nur bei guter Wetterlage möglich ist. Der Ort der Exekution befindet sich aber meistens 10–15 km abseits der Verkehrswege und ist durch seine Lage schon schwer zugänglich, bei feuchtem oder nassem Wetter überhaupt nicht. Fährt oder führt man die zu Exekutierenden an diesen Ort, so merken sie sofort, was los ist und werden unruhig, was nach Möglichkeit vermieden werden soll. Es bleibt nur der eine Weg übrig, sie am Sammelorte einzuladen und dann hinauszufahren. Die Wagen der Gruppe D habe ich als Wohnwagen tarnen lassen, indem ich an den kleinen Wagen auf jeder Seite einen, an den großen auf jeder Seite zwei Fensterläden anbringen ließ, wie man sie oft an den Bauernhäusern auf dem Lande sieht. Die Wagen waren so bekannt geworden, daß nicht nur die Behörden, sondern auch die Zivilbevölkerung den Wagen als »Todeswagen« bezeichneten, sobald eines dieser Fahrzeuge auftauchte. Nach meiner Meinung kann er auch getarnt nicht auf die Dauer verheimlicht werden.

Durch das unebene Gelände und die kaum zu beschreibenden Wege- und Sträßenverhältnisse lockern sich im Laufe der Zeit die Abdichtungen und Nietstellen. Ich wurde gefragt, ob in solchen Fällen der Wagen zur Reparatur nach Berlin überführt werden soll. Eine Überführung nach Berlin käme viel zu teuer und würde zu viel Betriebsstoff erfordern. Um diese Ausgabe zu sparen, gab ich die Anordnung, kleinere undichte Stellen selbst zu löten und, wenn das nicht mehr zu machen wäre, sofort Berlin durch Funk zu benachrichtigen, daß der Wagen Pol. Nr. . . . ausgefallen sei. Außerdem ordnete ich an, bei den Vergasungen alle Männer vom Wagen möglichst fernzuhalten, damit sie durch evtl. ausströmende Gase gesundheitlich nicht geschädigt werden. Bei dieser Gelegenheit möchte ich auf folgendes aufmerksam machen: Verschiedene Kommandos lassen nach der Vergasung durch die eigenen Männer ausladen. Die Kommandeure der betreffenden S. K. habe ich darauf aufmerksam gemacht, welch ungeheure seelische und gesundheitliche Schädigungen diese Arbeit auf die Männer, wenn auch nicht sofort, so doch später haben kann. Die Männer beklagten

sich bei mir über Kopfschmerzen, die nach jeder Ausladung auftreten. Trotzdem will man von dieser Anordnung nicht abgehen, weil man befürchtet, daß die für die Arbeit herangezogenen Häftlinge einen günstigen Augenblick zur Flucht benutzen könnten. Um die Männer vor diesen Schäden zu bewahren, bitte ich, dementsprechende Anordnungen herauszugeben.
Die Vergasung wird durchweg nicht richtig vorgenommen. Um die Aktion möglichst schnell zu beenden, geben die Fahrer durchweg Vollgas. Durch diese Maßnahme erleiden die zu Exekutierenden den Erstickungstod und nicht wie vorgesehen, den Einschläferungstod. Meine Anleitungen haben nun ergeben, daß bei richtiger Einstellung der Hebel der Tod schneller eintritt und die Häftlinge friedlich einschlafen. Verzerrte Gesichter und Ausscheidungen, wie sie bisher gesehen wurden, konnten nicht mehr bemerkt werden.

Quellenangabe:
Internationaler Militärgerichtshof Bd. XXVI. Nürnberg 1947

Das Ghetto wird geräumt

Tagebuchaufzeichnungen aus Warschau, August 1942

Donnerstag, 13. 8. 1942

Viele Straßenzüge sind schon gänzlich geräumt. SS-Männer suchen jetzt dort die letzten Bewohner. Finden sie jemanden, so wird er auf der Stelle erschossen. Hinter den Deutschen gehen Juden mit Tragen, mit denen sie die Leichen fortschaffen. Solche Kontrollen der leeren Häuser sind nur ein Vorwand zum Stehlen. Oft sehen die Kontrollmannschaften furchtbare Dinge. Das Haus ist leer, Hals über Kopf verlassen. Auf dem Tisch stehen noch die vollen Teller, die Betten ungemacht, offenstehende Schränke und Schubladen. In einem Zimmer liegt ein Junge mit gespaltenem Schädel. In einer anderen Wohnung liegt eine Frau im Bett und reagiert nicht auf die Schreie der SS-Männer. Sie ist tot. Auf dem Nachttisch sieht man ein leeres Veronal-Röhrchen.

Mittwoch, 19. 8. 1942

Gestern kam die Verordnung, die Judenkinder sollten sich am nächsten Tage auf dem Umschlagplatz einfinden, ebenso alle, die keine Arbeitskarten besitzen. Die Verbissenheit, mit der man die kleinen Kinder umbringt, ist ganz besonders teuflisch. Heute abend habe ich an der Ecke der Gesia- und Okopowa-Straße eine dichtgedrängte Gruppe von 150 bis 200 kleinen Kindern gesehen. Ihnen gegenüber standen ein paar Deutsche, die ihre Gewehre auf die Gruppe richteten. Die Kinder waren wie von Sinnen vor Angst. Sie weinten, versteckten sich eines hinter dem anderen und bissen sich in die Finger. In der Nähe stand eine Gruppe von Frauen – wahrscheinlich die Mütter. Eine von ihnen riß sich los, stürzte auf einen Deutschen zu, um ihm etwas zu erklären. Sie gestikulierte und wies auf eines der Kinder. Der Deutsche brüllte sie an, wie nur sie es können, und befahl ihr, auf ihren Platz zurückzugehen. Er drohte ihr mit dem Gewehr. Sobald sie sich umgedreht hatte, schoß er, und sie fiel tödlich getroffen nieder.

Freitag, 28. 8. 1942
Das Schicksal der Deportierten ist mehr oder weniger bekannt. Vielleicht sind ein, zwei Transporte wirklich nach Osten gefahren, um die ausgesuchten, gesunden, starken, jungen Menschen dort an der Front als Arbeiter einzusetzen. Die große Masse jedoch wird nach Treblinka gebracht. Dieser Ort ist mit einer Mauer des Schweigens umgeben, aber vereinzelte Nachrichten sickern doch durch. Die Personenzüge halten nicht auf diesem Bahnhof. Die Züge mit den Juden fahren bis ans Lager heran. Jeweils zehn oder zwanzig Waggons werden nacheinander hineingeschoben. Die Ankömmlinge treibt man heraus und zwingt sie, ihre Habe, vor allem Geld und Wertsachen, abzugeben. Dann ziehen sich die Juden aus und gehen nackt in den »Baderaum«. Eine große Aufschrift verspricht nach dem Bad Kleidung und Arbeitsplatz. Es geht jedoch nur darum, Panik und Widerstand zu vermeiden. Dieses Bad ist nämlich schon das Ende. Der Baderaum ist eine Todeskammer. Ich weiß nicht, ob man Giftgas oder elektrischen Strom verwendet oder ob die Luft allmählich entzogen wird. Die nächste Etappe ist jedoch auf jeden Fall ein Massengrab, das mit einem Spezialbagger ausgehoben wurde. In dieser Grube sind die Leiber von Männern, Frauen und Kindern dicht aufeinandergeschichtet. Die Lagerwache wird, unter SS-Kommando, von den Ukrainern gestellt. Sie haben Geld im Überfluß und geben in der Umgebung Tausende für Schnaps und Frauen aus. Im Umkreis von einigen Kilometern ist die Luft vom Gestank der faulenden Leichen verpestet.

Quellenangabe:
Gerhard Schoenberner (Hrsg.), Wir haben es gesehen. Augenzeugenberichte über Terror und Judenverfolgung im Dritten Reich. Hamburg 1962

Die Verlassenheit des Judentums in der Welt

Abschiedsbrief des Vertreters der jüdischen Untergrundbewegung Polens in London, Zygelbojm, vor seinem Freitod am 11. V. 1943.

Die letzten aus Polen erhaltenen Nachrichten machen es klar, daß die Deutschen entschlossen sind, die letzten überlebenden Reste der Juden mit schrecklicher Brutalität auszurotten. Hinter den Ghettomauern spielt sich nun der letzte Akt einer Tragödie ab, die nicht ihresgleichen in der Geschichte hat. Die Mörder selbst tragen die Hauptverantwortung für das Verbrechen der Ausrottung der gesamten jüdischen Bevölkerung Polens, aber indirekt lastet die Verantwortung auf der gesamten Menschheit, auf den Völkern und Regierungen aller alliierten Nationen, weil sie keinen Versuch unternommen haben, etwas Drastisches gegen diese Verbrecher zu tun. Durch gleichgültiges Zuschauen dem Morde hilfloser Millionen von gequälten Kindern, Frauen und Männern haben sich diese Nationen selbst den Verbrechern zugesellt.
Ich wünsche zu erklären, daß die polnische Regierung, obwohl sie die öffentliche Meinung der Welt zu beeinflussen suchte, nicht genug getan hat ...
Ich kann nicht schweigen. Ich kann nicht leben, wenn die Reste der jüdischen Bevölkerung Polens, deren Vertreter ich bin, zugrundegehen. Meine Freunde im Warschauer Ghetto starben mit der Waffe in der Hand in dieser letzten, heroischen Schlacht. Es war mir nicht bestimmt, mit ihnen zusammen zu sterben, aber ich gehöre zu ihnen und in ihre Massengräber.
Durch meinen Tod wünsche ich meinen letzten Protest gegen die Untätigkeit zu bekunden, mit der die Welt zuschaut und die Ausrottung des jüdischen Volkes zuläßt. Ich weiß, wie wenig heute ein Menschenleben wert ist, aber da ich unfähig war, während meines Lebens etwas zu tun, werde ich vielleicht durch meinen Tod dazu beitragen, die Gleichgültigkeit jener zu bezwingen, die nun im letzten Augenblick die wenigen noch lebenden Juden retten könnten.

Quellenangabe:
Adler, »Parlament« v. 20. 2. 1958

Massenerschießung

Bericht eines Überlebenden, 1944

Die Grube war etwa vierzig bis fünfzig Meter lang, acht bis zehn Meter breit und anderthalb Meter tief. Man hatte sie vor langer

Zeit gegraben, weil man Erde für die Ziegelfabrikation brauchte. Die Arbeitsmethode der »Todesengel« war folgende. Auf jeder Seite der Grube standen vier SS-Leute. Zwei von ihnen führten die Opfer heran, und zwei erschossen sie. An jede Seite der Grube wurden jeweils zwanzig Gefangene geführt. Jene, die rechts standen, wurden vor die Mörder auf der rechten Seite geführt, und die, die links standen, vor die Mörder auf der linken Seite. Schließlich kam die Reihe an meinen Freund. Als wir uns verabschiedeten, gaben wir uns die Hand und segneten einander: »Gott sei mit dir. Eine gute Reise zu denen, die für die Heiligung Seines Namens getötet wurden.« Wer getötet wird, weil er Jude ist, wird sicher nicht die Hölle kennenlernen. Ein SS-Mann packte ihn und ein anderer mich. Sie stießen uns an den Rand der Grube und drehten uns um, damit die Kugeln uns von hinten träfen. Der SS-Mann trat zurück, und mein Freund wurde sofort erschossen. Sie feuerten aus einer Entfernung von drei Metern. Er fiel in die Grube. Da ich hinter dem SS-Mann stand, konnte ich alles sehen. Dann machten sie es mit mir genauso. Ein SS-Mann kam an mich heran, brachte mich in die richtige Stellung und trat beiseite. So empfing auch ich die Gabe, die Kugel...
Ich wurde mit solcher Gewalt niedergeworfen, daß ich dachte, ich sei bereits im Jenseits. Zwei oder drei Minuten lang wußte ich nicht, was geschehen war. Glücklicherweise hatte die Kugel meinen Körper sofort wieder verlassen. Mein Blut floß wie aus einem Wasserhahn. Später fühlte ich mich etwas besser, aber ich war immer noch verwirrt. Die Kugel hatte mich am Nacken getroffen, zwei oder drei Zentimeter unter dem Ohr, und war direkt neben der Nase wieder ausgetreten. Da der Schuß von der Seite gekommen war, fiel ich auf die rechte Seite der Grube. Dann hörte ich einen der SS-Leute zu dem Mann hinter ihm sagen, er solle mich richtig in die Grube werfen, um Platz für die anderen zu schaffen. Er packte mich bei den Füßen, aber es ging nicht. Der SS-Mann sagte zu ihm: »Warum packst du ihn nicht am Kopf?« Er zog mich am Kopf hoch und warf mich auf die bluttriefenden Körper, von denen einige noch schwach atmeten. Als er mich hineinwarf, stieß er mich heftig, und in diesem Augenblick merkte ich, daß ich noch nicht tot war. Ich fiel etwa zwei Meter vom Rand entfernt in die Grube, auf einen großen Leichenhaufen.
Von der anderen Seite hörte ich, wie ein Mann, auf den sie bereits geschossen hatten, auf Ungarisch um eine zweite Kugel bat. Er bekam sie sofort. Glaubt mir, mein Überleben in diesem Augen-

blick hing nur von meiner Geistesgegenwart ab. Ich dachte: »Habe ich nicht wenigstens einen ruhigen Tod verdient? Habe ich nicht genug gelitten? Ich bin so und so verloren. Ich bin erschossen worden, ich bin tot, aus. All meine Leiden sind vorbei.« Ein ruhiger Tod war das, was ich mir in diesem Augenblick als größtes Glück wünschte. So wollte ich auch um eine weitere Kugel bitten, aber ich hatte den Mund noch nicht aufgemacht, als mir ein anderer Gedanke kam: Eine Kugel ist genug! Bis zum Morgen werde ich auf jeden Fall tot sein. Und wenn nicht – sie werden uns alle am Morgen beerdigen. Wenn ich nicht sterbe, dann kann ich immer noch um eine weitere Kugel bitten, damit ich nicht lebendig begraben werde. Andere Gedanken kamen. Vielleicht wird Gott mir helfen? Ich bewegte mich und glitt näher an die Innenseite der Grube, in die Nähe der Öffnung, damit nicht eine verirrte Kugel, die für einen anderen bestimmt war, mich traf. Es war Nacht, und Kugelsplitter regneten auf die Leichen in der Grube herunter. Mit allerletzter Kraft stieß ich einen Körper beiseite und legte mich auf den Grund, in den Schlamm, der dort durch das viele vergossene Blut entstanden war. Ich wagte nicht, auf einem Toten zu liegen. Er war noch etwas warm und wurde erst allmählich kälter, bis er ganz kalt war. Aber meine Füße ruhten auf einem Toten. Um nicht allzuviel Blut zu verlieren, hatte ich mich so gelagert, daß meine Wunden hochlagerten. Plötzlich sah ich, wie mehrere SS-Leute die Gruben mit Taschenlampen ableuchteten, um zu sehen, ob noch einer am Leben war. Wenn sie jemand noch lebendig fanden, sagten sie: »Der atmet noch«, und jagten ihm sofort eine Kugel in den Leib. Sie bemerkten mich nicht, und falls sie mich entdeckten, sahen sie wahrscheinlich eine so fürchterliche Wunde, daß sie nicht annehmen konnten, ich sei noch am Leben.

Quellenangabe:
Gerhard Schoenberner (Hrsg.), Wir haben es gesehen. Augenzeugenberichte über Terror und Judenverfolgung im Dritten Reich. Hamburg 1962

Gut, daß wir die Härte hatten

Geheimrede Heinrich Himmlers, 21. 6. 1944

Eine andere große Frage war noch notwendig zu lösen. Es war die furchtbarste Aufgabe und der furchtbarste Auftrag, den eine Organisation bekommen konnte: der Auftrag, die Judenfrage zu lösen. Ich darf dies auch in diesem Kreis wieder in aller Offenheit mit ein paar Sätzen sagen. Es ist gut, daß wir die Härte hatten, die Juden in unserem Bereich auszurotten. Fragen Sie nicht, wie schwer das war, sondern haben Sie als Soldaten – ich möchte fast sagen – Verständnis dafür, wie schwer ein solcher Befehl durchzuführen ist. Ziehen Sie aber auch bei kritischster Prüfung, nur als Soldaten für Deutschland denkend, den logischen Schluß, daß es notwendig war. Denn allein der Bombenkrieg wäre nicht durchzuhalten, wenn wir das jüdische Volk noch in unseren Städten gehabt hätten. Ich habe auch die Überzeugung, daß die Front bei Lemberg im Generalgouvernement nicht zu halten gewesen wäre, wenn wir die großen Ghettos in Lemberg, in Krakau, in Lublin und in Warschau noch gehabt hätten. Der Zeitpunkt, zu dem wir das letzte große Ghetto in Warschau in fünf Wochen Straßenkämpfen ausgeräumt haben im Sommer 1943, war gerade der letzte Zeitpunkt. Die Ghettos waren, so abgeschlossen sie auch gewesen sein mögen, die Zentralen jeder Partisanen- und jeder Bandenbewegung.

Ich sagte allen meinen Männern: Wir haben erstens den Befehl, und zweitens gebietet uns das Gewissen, diese harte Reinigung durchzuführen. Wenn es uns schwerfällt, dann wollen wir an die Kinder denken, die durch diesen Bombenterror, der letzten Endes von den Juden organisiert ist, starben, bevor sie überhaupt zum Leben gekommen sind. Dazu sind wir berechtigt, das müssen wir.

Ebenso will ich auch eine Frage, die sicherlich gedacht wird, gleich beantworten. Die Frage heißt: Ja, wissen Sie, daß Sie die erwachsenen Juden umbringen, das verstehe ich, aber die Frauen und Kinder...? – Da muß ich Ihnen etwas sagen: Die Kinder werden eines Tages groß werden. Wollen wir so unanständig sein, daß wir sagen: nein, nein, dazu sind wir zu schwach, aber unsere Kinder können sich mit ihnen mal abgeben. Die sollen das auch einmal auskämpfen. Dann würde dieser jüdische Haß heute kleiner und später großgewordener Rächer sich an unseren Kindern und Enkeln vergreifen, so daß sie noch einmal das gleiche Problem zu lösen hätten, dann aber in einer Zeit, da kein Adolf Hitler mehr lebt. Nein, das können wir nicht verantworten. Das wäre feig gewesen, und deswegen haben wir eine klare Lösung vorgezogen, so schwer sie auch war.

Quellenangabe:
Bradley F. Smith u. Agnes F. Peterson, Heinrich Himmler. Geheimreden 1933 bis 1945 und andere Ansprachen. Frankfurt–Berlin–Wien 1974

Industrialisierter Mord

Eidesstattliche Erklärung des Auschwitz-Kommandanten Rudolf Höß im Nürnberger Prozeß, 5. 4. 1946

Ich, Rudolf Franz Ferdinand Höß, sage nach vorhergehender rechtmäßiger Vereidigung aus und erkläre wie folgt:
1. Ich bin sechsundvierzig Jahre alt und Mitglied der NSDAP seit 1922; Mitglied der SS seit 1934; Mitglied der Waffen-SS seit 1939. Ich war Mitglied ab 1. Dezember 1934 des SS-Wachverbandes, des sogenannten Totenkopfverbandes.
2. Seit 1934 hatte ich unausgesetzt in der Verwaltung von Konzentrationslagern zu tun und tat Dienst in Dachau bis 1938; dann als Adjutant in Sachsenhausen von 1938 bis zum 1. Mai 1940, zu welcher Zeit ich zum Kommandanten von Auschwitz ernannt wurde. Ich befehligte Auschwitz bis zum 1. Dezember 1943 und schätze, daß mindestens 2 500 000 Opfer dort durch Vergasung und Verbrennen hingerichtet und ausgerottet wurden; mindestens eine weitere halbe Million starben durch Hunger und Krankheit, was eine Gesamtzahl von ungefähr 3 000 000 Toten ausmacht. Diese Zahl stellt ungefähr 70 oder 80 Prozent aller Personen dar, die als Gefangene nach Auschwitz geschickt wurden; die übrigen wurden ausgesucht und für Sklavenarbeit in den Industrien des Konzentrationslagers verwendet. Unter den hingerichteten und verbrannten Personen befanden sich ungefähr 20 000 russische Kriegsgefangene (die früher von der Gestapo aus den Gefängnissen der Kriegsgefangenen ausgesondert waren); diese wurden in Auschwitz den Wehrmacht-Transporten, die von regulären Offizieren und Mannschaften der Wehrmacht befehligt wurden, ausgeliefert. Der Rest der Gesamtzahl der Opfer umfaßte ungefähr 100 000 deutsche Juden und eine große Anzahl von Einwohnern, meistens Juden, aus Holland, Frankreich, Belgien, Polen, Ungarn, Tschechoslowakei, Griechenland oder anderen Ländern. Ungefähr 400 000 ungarische Juden wurden allein in Auschwitz im Sommer 1944 von uns hingerichtet.
3. WVHA (Wirtschafts- und Verwaltungs-Hauptamt), das von Obergruppenführer Oswald Pohl geleitet wurde, war für alle Verwaltungsangelegenheiten, wie Unterkunft, Ernährung und ärztliche Fürsorge, in den Konzentrationslagern verantwortlich. Vor Errichtung des RSHA waren das Geheime Staatspolizeiamt (Gestapo) und das Reichsamt der Kriminalpolizei für die Verhaftungen, Verschickungen in die Konzentrationslager, für die dorti-

gen Bestrafungen und Hinrichtungen verantwortlich. Nach der Organisation der RSHA wurden alle diese Funktionen wie bisher ausgeübt, aber gemäß den Befehlen, die von Heydrich, als Chef des RSHA, unterzeichnet waren. Während Kaltenbrunner Chef des RSHA war, wurden die Befehle betreffend Schutzhaft, Verschickungen, Bestrafungen und Sonderhinrichtungen von Kaltenbrunner oder von Müller, dem Leiter der Gestapo, als Kaltenbrunners Vertreter unterzeichnet.
4. Massenhinrichtungen durch Vergasung begannen im Laufe des Sommers 1941 und dauerten bis zum Herbst 1944. Ich beaufsichtigte persönlich die Hinrichtungen in Auschwitz bis zum 1. Dezember 1943 und weiß auf Grund meines laufenden Dienstes in der Überwachung der Konzentrationslager WVHA, daß diese Massenhinrichtungen wie vorerwähnt sich abwickelten. Alle Massenhinrichtungen durch Vergasung fanden unter dem direkten Befehl und Verantwortlichkeit des RSHA statt.
5. Am 1. Dezember 1943 wurde ich Chef vom Amt I im Amt Gruppe D des WVHA, und in diesem Amt war ich verantwortlich für die Zusammenstellung aller Angelegenheiten, die sich zwischen dem RSHA und den Konzentrationslagern unter der Verwaltung des WVHA ergaben. Ich hatte diese Stellung bis zum Ende des Krieges inne. Pohl, als Chef des WVHA, und Kaltenbrunner, als Chef des RSHA, berieten sich betreffend der Konzentrationslager oft persönlich und traten mündlich und schriftlich häufig in Verbindung miteinander. Am 5. Oktober 1944 erstattete ich Kaltenbrunner in seinem Büro im RSHA, Berlin, einen ausführlichen Bericht betreffend das Konzentrationslager Mauthausen. Kaltenbrunner bat mich um einen kurzen mündlichen Auszug aus diesem Bericht und sagte, er würde sich jede Entscheidung vorbehalten, bis er Gelegenheit hätte, ihn in allen Einzelheiten zu prüfen.
6. Die »Endlösung« der jüdischen Frage bedeutete die vollständige Ausrottung aller Juden in Europa. Ich hatte den Befehl, Ausrottungserleichterungen in Auschwitz im Juni 1942 zu schaffen. Zu jener Zeit bestanden schon drei weitere Vernichtungslager im Generalgouvernement: Belzec, Treblinka und Wolzek. Diese Lager befanden sich unter dem Einsatzkommando der Sicherheitspolizei und des SD. Ich besuchte Treblinka, um festzustellen, wie die Vernichtungen ausgeführt wurden. Der Lagerkommandant von Treblinka sagte mir, daß er 80 000 im Laufe eines halben Jahres liquidiert hätte. Er hatte hauptsächlich mit der Liquidierung aller Juden aus dem Warschauer Ghetto zu tun. Er wandte Monoxyd-

gas an, und nach seiner Ansicht waren seine Methoden nicht sehr wirksam. Als ich das Vernichtungsgebäude in Auschwitz errichtete, gebrauchte ich also Zyclon B, eine kristallisierte Blausäure, die wir in die Todeskammer durch eine kleine Öffnung einwarfen.

Es dauerte 3 bis 15 Minuten, je nach den klimatischen Verhältnissen, um die Menschen in der Todeskammer zu töten. Wir wußten, wann die Menschen tot waren, weil ihr Kreischen aufhörte. Wir warteten gewöhnlich eine halbe Stunde, bevor wir die Türen öffneten und die Leichen entfernten. Nachdem die Leichen fortgebracht waren, nahmen unsere Sonderkommandos die Ringe ab und zogen das Gold aus den Zähnen der Körper.

7. Eine andere Verbesserung gegenüber Treblinka war, daß wir Gaskammern bauten, die 2000 Menschen auf einmal fassen konnten, während die 10 Gaskammern in Treblinka nur je 200 Menschen faßten. Die Art und Weise, wie wir unsere Opfer auswählten, war folgendermaßen: zwei SS-Ärzte waren in Auschwitz tätig, um die einlaufenden Gefangenentransporte zu untersuchen. Die Gefangenen mußten bei einem der Ärzte vorbeigehen, der bei ihrem Vorbeimarsch durch Zeichen die Entscheidung fällte. Diejenigen, die zur Arbeit taugten, wurden ins Lager geschickt. Andere wurden sofort in die Vernichtungsanlagen geschickt, Kinder im zarten Alter wurden alle unterschiedslos vernichtet, da auf Grund ihrer Jugend sie unfähig waren, zu arbeiten. Noch eine andere Verbesserung, die wir gegenüber Treblinka machten, war diejenige, daß in Treblinka die Opfer fast immer wußten, daß sie vernichtet werden sollten, während in Auschwitz wir uns bemühten, die Opfer zum Narren zu halten, indem sie glaubten, daß sie ein Entlausungsverfahren durchzumachen hätten. Natürlich erkannten sie auch häufig unsere wahren Absichten, und wir hatten deswegen manchmal Aufruhr und Schwierigkeiten. Sehr häufig wollten Frauen ihre Kinder unter den Kleidern verbergen, aber wenn wir sie fanden, wurden die Kinder natürlich zur Vernichtung hineingesandt. Wir sollten diese Vernichtungen im geheimen ausführen, aber der faule und Übelkeit erregende Gestank, der von der ununterbrochenen Körperverbrennung ausging, durchdrang die ganze Gegend, und alle Leute, die in den umliegenden Gemeinden lebten, wußten, daß in Auschwitz Vernichtungen im Gange waren.

Quellenangabe:
Internationaler Militärgerichtshof, Bd. XXXIII. Nürnberg 1947; Rückübersetzung aus dem Englischen in: Leon Poliakov u. Josef Wulf, Das Dritte Reich und die Juden. Berlin 1955

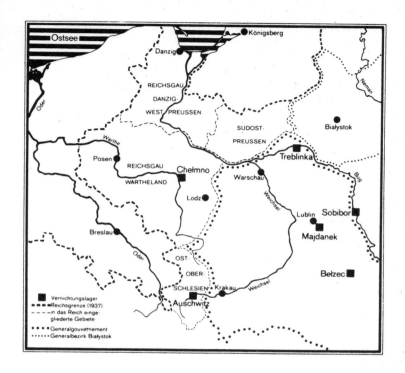

Tätigkeitsbericht einer Einsatzgruppe in Rußland.
Die Vernichtungsstätten der »Endlösung« befanden sich sämtlich außerhalb des deutschen Reichsgebietes auf polnischem Boden. Zu unterscheiden sind dabei die »reinen« Vernichtungslager Chelmno, Belzec, Treblinka und Sobibor, von den gemischten Vernichtungs- und Arbeitslagern Majdanek und Auschwitz, in deren Nähe Industie angesiedelt war, wo »kräftige« Juden ihr Leben für unbestimmte Zeit durch Zwangsarbeit fristen durften. Diese Lager besaßen also teilweise Ähnlichkeiten mit dem, was im Reich und den besetzten Gebieten als Konzentrationslager bekannt war.

Zusammenfassung des Romans und der Fernsehsendung »Holocaust«

Die Handlung beginnt mit einer Hochzeitsfeier im sommerlichen Berlin des Jahres 1935. Inge Helms, eine Deutsche, hat den Juden Karl Weiss geheiratet, einen Grafiker. Seine Eltern sind da, der Arzt Dr. Josef Weiss, dessen Frau Berta, die Großeltern mütterlicherseits (er ein Buchhändler und Weltkriegsveteran), der Onkel Moses Weiss aus Warschau und Karls jüngere Geschwister Anna und Rudi. Ihnen gegenüber die Familie Helms, verglichen mit der gepflegten und eleganten Arztfamilie, kleine und gedrückte Leute. Vater Helms ist Mechaniker, sein Sohn Hans Soldat. Daß zwischen den Familien keine rechte Herzlichkeit aufkommen will, liegt hauptsächlich an einem Gast namens Müller, den die Helms mitgebracht haben. Müller ist Parteigenosse, ihm paßt die deutschjüdische Hochzeit nicht, »wo doch gegen die Juden etwas in Vorbereitung ist«, er giftet und stänkert.

Kurze Zeit nach der Hochzeit erscheint in Dr. Weiss' Sprechstunde ein junges Paar, der stellungslose Jurist Erich Dorf mit seiner Frau Marta, Mutter zweier Kinder und herzkrank. Dr. Weiss behandelt sie; die jungen Leute, mittellos, bleiben zunächst die Arztrechnung schuldig. Diese Familie Dorf wird, zusammen mit den Helms, der dramaturgische Widerpart zur Judenfamilie Weiss, denn Erich Dorf läßt sich von seiner ehrgeizigen Frau überreden, in die SS einzutreten und beim SD-Chef Heydrich Karriere zu machen, in dessen Büro die entscheidenden Maßnahmen der bald einsetzenden Judenverfolgungen organisiert werden. Von 1935 bis 1945 wird sich, zumeist in gewisser Distanz, einige Male aber auch direkt, der Lebensweg aller dieser Personen berühren. Symbolträchtiges Requisit ist dabei ein Bechsteinflügel, auf dem zunächst Mutter und Tochter Weiss Mozartduos spielen und der dann später in den Besitz der Familie Dorf gerät, die ihn zur musikalischen Untermalung ihrer Weihnachtsfeste benutzt.

Was nach Parteigenosse Müllers dunkler Andeutung »in Vorbereitung« ist, das ist die Nürnberger Rassengesetzgebung vom September 1935, die unter anderem »Mischehen« verbietet. Inge, die frisch Getraute, kümmert sich nicht darum, und auch die Familie

Weiss nimmt die Schikanen der NS-Machthaber gelassen hin, immer in der Überzeugung, daß der Nazi-Spuk bald vorbei sein und ihnen jedenfalls nichts passieren werde. Bis in der »Reichskristallnacht« im November 1938 ihnen Steine in die Fenster fliegen, dem Großvater der Buchladen geplündert und er selbst halbtot geprügelt wird und die Gestapo Karl Weiss, den Künstler, Inges Mann, verhaftet.
Vater Weiss sucht seinen ehemaligen Patienten Dorf auf und fleht ihn an, etwas für seinen Sohn zu tun. Dorf, obwohl inzwischen Hauptsturmführer und Heydrichs rechte Hand, lehnt dennoch ab.
Vater Weiss wird bald darauf als polnischer Staatsangehöriger nach Warschau abgeschoben. Die Großeltern vergiften sich. Die übriggebliebenen Familienmitglieder siedeln zur Schwiegertochter Inge über, wo sie, von den Helms nur widerwillig geduldet, ein beengtes Leben führen. Der Sohn Rudi, ein Rauhbein, anders als sein sensibler Bruder Karl, sein milder, versöhnlicher Vater oder seine vornehme Mutter, beschließt, das Land zu verlassen.
Mit den Dorfs ist es inzwischen glänzend bergauf gegangen. Sie sind eingeführt in das gesellschaftliche Leben der oberen SS-Ränge. Erich Dorf ist seinem Chef Heydrich unentbehrlich als Organisationstalent und Sprachregler. Denn für das, was die SS den Juden und den Völkern des Ostens anzutun plant, bedarf es immer neuer Verschleierungen und Irreführungen, und Dorf, kaltherzig, intelligent und von jedem Fanatismus frei, beherrscht die Kunst der Täuschungen und vagen Formulierungen ganz meisterhaft. Heydrich bestellt ihn zum Kurier und Koordinator. Überall im Osten, wo in den eroberten und besetzten Gebieten die Vernichtungskommandos der SS, erst mehr spontan agierende Trupps, dann planmäßig aufgebaute Einsatzgruppen und schließlich die Mannschaften der Vernichtungslager ihr Ausrottungsgeschäft betreiben, ist Dorf, inzwischen Sturmbannführer, dabei und sorgt für Geheimhaltung, Vereinheitlichung und Vermeidung von Exzessen.
Ein weiteres Mitglied wird der Familie Weiss 1940 entrissen. Nachdem die Tochter Anna von SA-Leuten vergewaltigt worden und in geistige Umnachtung gefallen ist, wird sie ins »Sanatorium« Hadamar gebracht und dort zusammen mit anderen Irren und unheilbar Kranken vergast.

Inge Helms bringt in Erfahrung, daß ihr Mann ins KZ Buchenwald verschleppt worden ist, und sie erfährt weiter, daß Müller, der Störenfried von der Hochzeitsfeier, zum Scharführer in der Wachmannschaft aufgestiegen ist. Sie bittet ihn, Briefe an Karl weiterzuleiten, und Müller läßt sich diesen kleinen Dienst damit entlohnen, daß sie ihm zu Willen sein muß. Als Karl, seiner künstlerischen Fähigkeiten wegen, ins Muster-KZ Theresienstadt verlegt wird, läßt sie sich von Müller, dem das unbegreiflich ist, denunzieren, damit sie ihrem Mann als Gefangene folgen kann. In Theresienstadt schließt sich Karl einer Gruppe von Künstlern an, die heimlich Zeichnungen vom elenden Leben im Lager anfertigen, mit denen die NS-Propaganda, die Theresienstadt als angenehmen Aufenthalt preist, widerlegt wird. Karl wird ertappt und gefoltert. Als er nach Auschwitz in den Tod abtransportiert werden soll, kann ihm seine Frau Inge gerade noch sagen, daß sie ein Kind von ihm erwartet. Sie wird es nun allein im Lager großziehen.
Auschwitz ist auch der Endpunkt des Weges, den das Ehepaar Weiss zurückzulegen hat. Berta Weiss ist mit einem der großen Judentransporte nach Warschau gekommen, wo im Laufe der Zeit immer mehr Juden im Ghetto zusammengepfercht worden sind, hat Kindern Unterricht gegeben, während ihr Mann am jüdischen Krankenhaus arbeitete und im Judenrat an der »Selbstverwaltung« des Ghettos teilnahm. Beide haben geglaubt, ihr Leben fristen zu können, selbst noch, als das Ghetto geräumt wurde und man sie in die Eisenbahnwaggons trieb. Dr. Josef Weiss entgeht auch tatsächlich für kurze Zeit noch den Gaskammern, er wird in Auschwitz von Ingenieur Kurt Dorf, einem Verwandten des SS-Führers Erich Dorf, zu Straßenarbeiten angefordert. Aber das Dazwischentreten des letzteren macht der Bevorzugung ein Ende, und der Arzt folgt seiner Frau in den Tod. Sein Bruder Moses schließt sich der jüdischen Widerstandsbewegung im Warschauer Ghetto an, die sich einen Monat lang gegen die Truppen des SS-Generals Stroop halten kann. Nach dem Scheitern des Aufstands wird Moses Weiss erschossen.
Nur einer aus der Familie Weiss überlebt das Inferno, der Sohn Rudi. Draufgänger und Naturbursche, hat er sich in die Tschechoslowakei durchgeschlagen und in Prag ein jüdisches Mädchen mit Namen Helena kennengelernt, das ihm nun auf allen seinen

Wanderungen folgt. Die beiden kommen durch Ungarn in die Sowjetunion, gerade zu der Zeit, da Hitlers Truppen sich zum Einmarsch bereit machen. Im brennenden Kiew retten sie Inges Bruder, dem Soldaten Hans Helms, das Leben. Gleichwohl verrät sie dieser an die SS. Sie können ihren Bewachern entfliehen und sehen, wie in der Schlucht von Babi Jar 30 000 Juden von einer Einsatzgruppe unter Befehl des Standartenführers Blobel umgebracht werden. Sie schließen sich einer jüdischen Partisanengruppe an, die deutsche Militäranlagen überfällt. Bei einer dieser Aktionen wird Rudis Frau (er hat das Mädchen Helena inzwischen geheiratet) tödlich getroffen, er selbst gefangengenommen und ins Vernichtungslager Sobibor verschleppt. Als dort ein Häftlingsaufstand ausbricht, kann er fliehen. Sein Ziel wird nun Palästina, die neue jüdische Siedlung sein, von der seine Helena immer geträumt hat.

Erich Dorfs Karriere ist durch Heydrichs Tod 1942 gestoppt worden. Ohne seinen Gönner kann er sich nur schwer gegen die Itrigen wehren, die von anderen SS-Führern gegen ihn gesponnen werden. Mit dem brutalen Kaltenbrunner, Heydrichs Nachfolger, kommt er nicht zurecht. Unter den Pannen, die man ihm anlastet, ist auch der Fall der kritischen Zeichnungen aus Theresienstadt, die Karl Weiss das Leben gekostet haben, ohne daß zu klären gewesen wäre, wo das Gros der Bilder hingekommen ist. Erich Dorf wird zum Außenseiter, trinkt und meidet seine Familie. Gleichwohl tut er, was er für seine Pflicht hält, besorgt das Zyklon B, mit dem in Auschwitz die Massenvergasungen vorgenommen werden, und verharrt in der Vernichtungsmaschinerie, bis die Lager aufgelöst werden und ihn im Mai 1945 die Amerikaner aufgreifen. Um sich der Anklage wegen Judenmords zu entziehen, schluckt er Gift.

Sein Onkel Kurt überbringt der Witwe die Nachricht von seinem Selbstmord, findet jedoch keinen Glauben. Frau Dorf wie auch die Kinder halten an der Version fest, das Familienoberhaupt sei den Heldentod gestorben.

Der Roman ›Holocaust-Endlösung‹ ist im Hestia Verlag, Bayreuth, erschienen.

Literaturverzeichnis

Adam U. D.: Judenpolitik im Dritten Reich. Düsseldorf 1972

Adler H. G.: Der Kampf gegen die »Endlösung der Judenfrage«. Bonn 1958

Adler H. G.: Theresienstadt 1941–1945. 2. Auflage. Tübingen 1960

Adler H. G.: Die verheimlichte Wahrheit. Theresienstädter Dokumente. Tübingen 1958

Adler H. G.: Der verwaltete Mensch. Tübingen 1974

Adler, Langbein, Lingens-Reiner: Auschwitz, Zeugnisse und Berichte. Frankfurt/M. 1962

Aronson Sh.: Reinhard Heydrich und die Frühgeschichte von Gestapo und SD. Stuttgart 1971

Blau B.: Das Ausnahmerecht für die Juden in Deutschland 1933–1945. New York 1952

Broszat M.: Nationalsozialistische Polenpolitik 1933–1945. Stuttgart 1961

Buchheim, Broszat, Jacobson, Krausnick: Anatomie des SS-Staates. Olten 1965

Fabian H. E.: Zur Enstehung der »Reichsvereinigung der Juden in Deutschland«. In Strauss, Grossmann (Hsg.): Gegenwart im Rückblick. Heidelberg 1970

Faschismus-Getto-Massenmord. Berlin (Ost) 1960

Feilchenfeld, Michaelis, Pinner: Haavara-Transfer nach Palästina und Einwanderung deutscher Juden 1933–1939. Tübingen 1972

Guttmann T.: Dokumentenwerk über die jüdische Geschichte in der Zeit des Nazismus. Bd. I. Jerusalem 1943

Hefte von Auschwitz (veröffentlicht in Auschwitz seit 1957)

Hilberg P.: The Destruction of the European Jews. Chicago 1961

Höhne H.: Der Orden unter dem Totenkopf, die Geschichte der SS. Gütersloh 1967

Kempner R.: Eichmann und Komplizen. Zürich 1961

Reitlinger G.: Die Endlösung. Berlin 1956

Wegen der unübersehbaren Fülle der Quellen und des Materials wurde auf eine ausführliche Bibliographie verzichtet. Wer sich über die einschlägige Literatur informieren will, wird speziell auf die bekannten Werke von Reitlinger, Hilberg und Adler verwiesen.